Easter Activity Book for Kids

Published by Crocus Press

Copyright © 2022 Crocus Press

ISBN: 9798416766283

Printed in the USA

1 Edition

HAPPY EASTER

TABLE OF CONTENTS

DOT TO DOT 5

COLORING 23

FOLDING SURPRISE 39

SPOT THE DIFFERENCE 71

HOW TO DRAW 81

SCISSOR SKILLS 99

FIND THE WAY 115

MAZES 127

SUDOKU 157

Have fun

DOT TO DOT

7

8

9

10

11

12

13

14

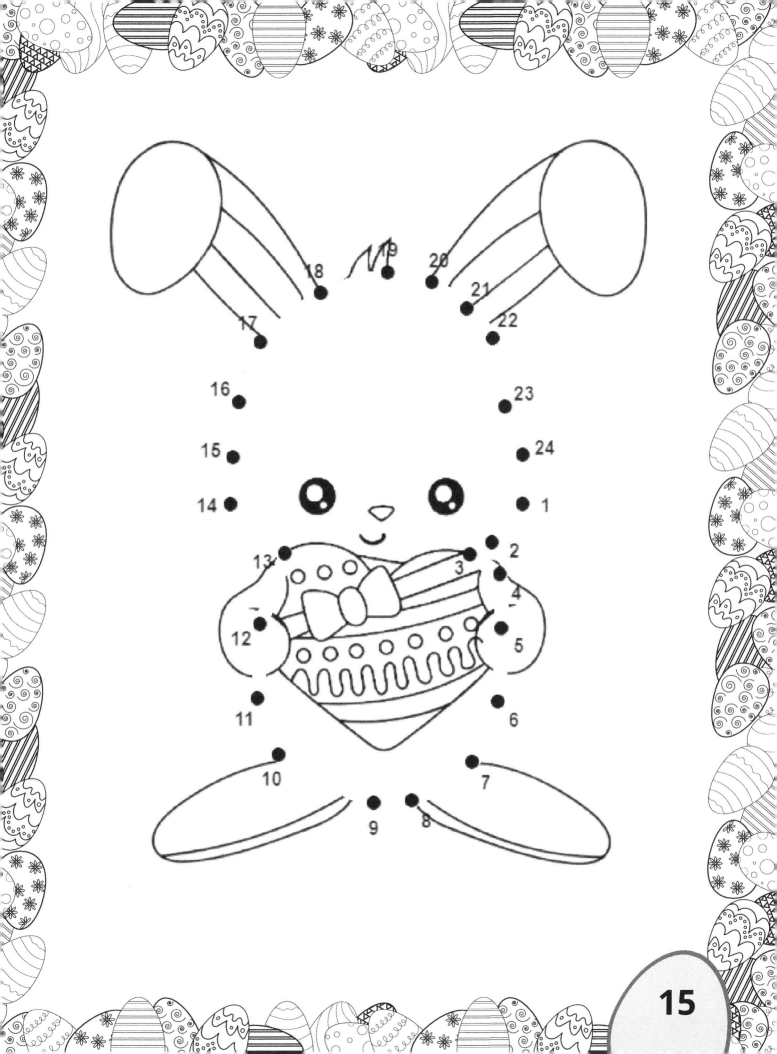

15

16

17

18

19

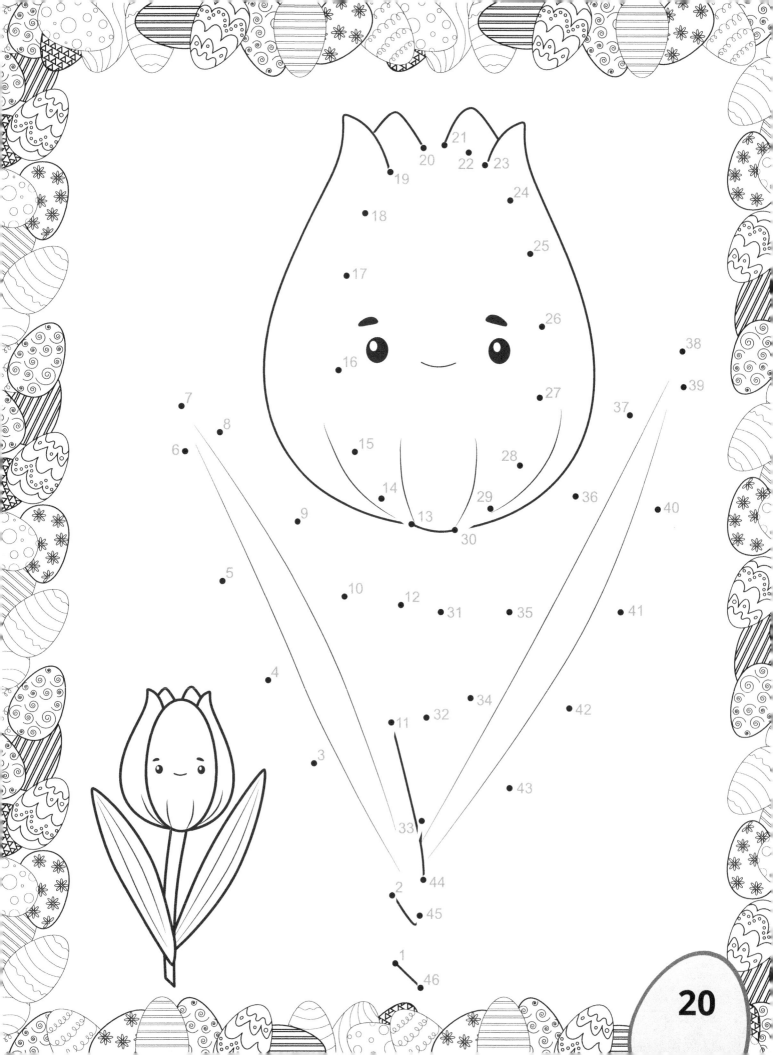

20

21

22

COLORING

24

38

Folding surprise

1. CUTTING

2. COLORING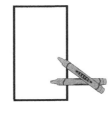

3. FOLDING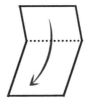

4. FOLDING

5. SURPRISE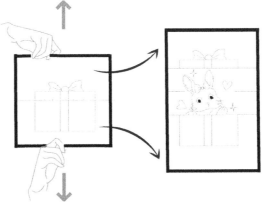

39

See folded pages:

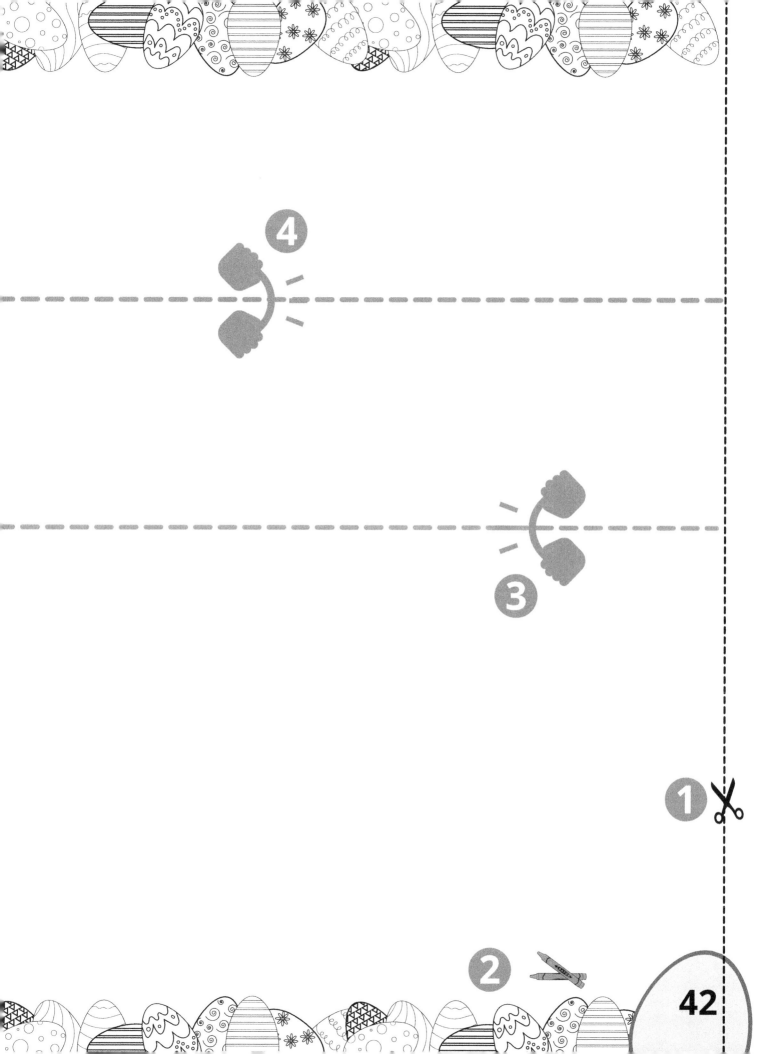

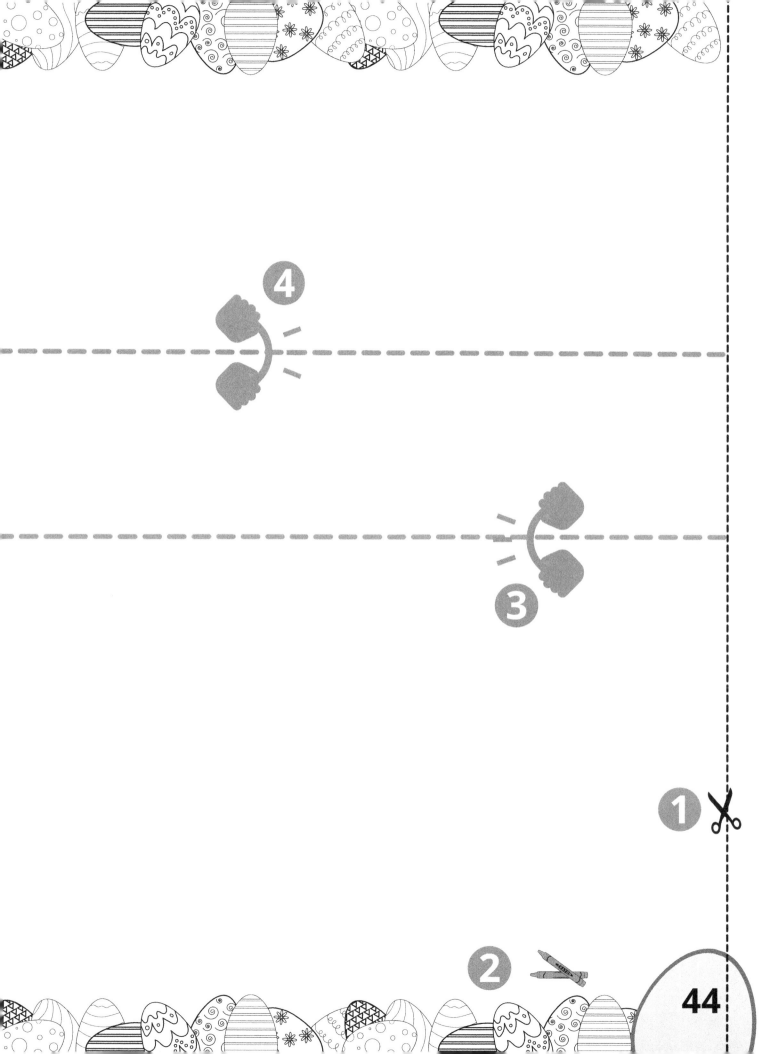

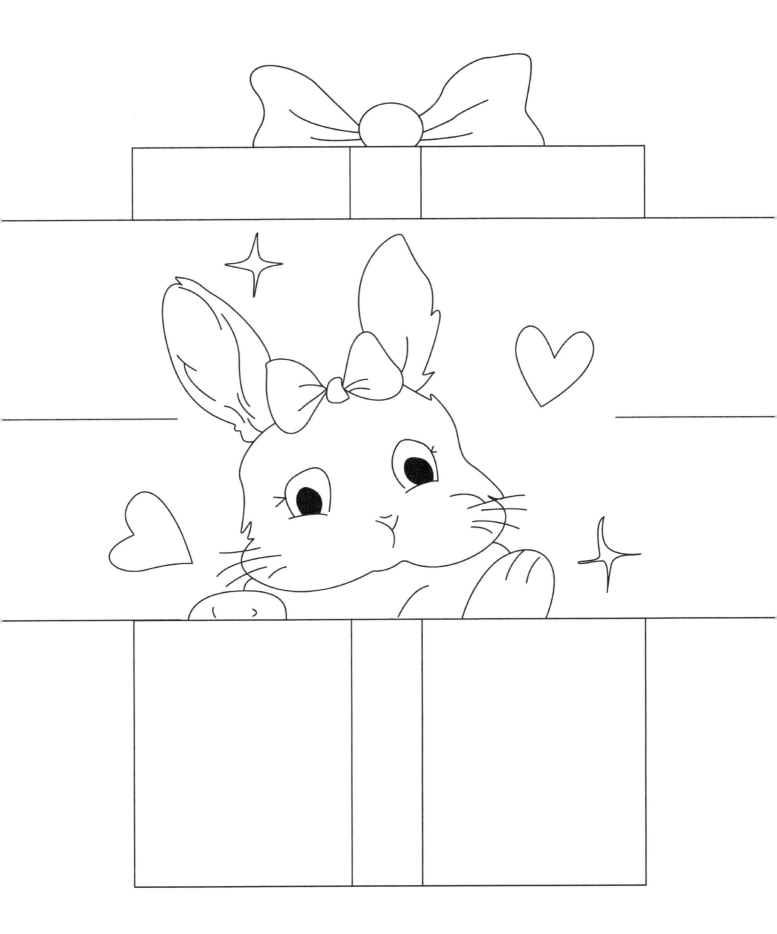

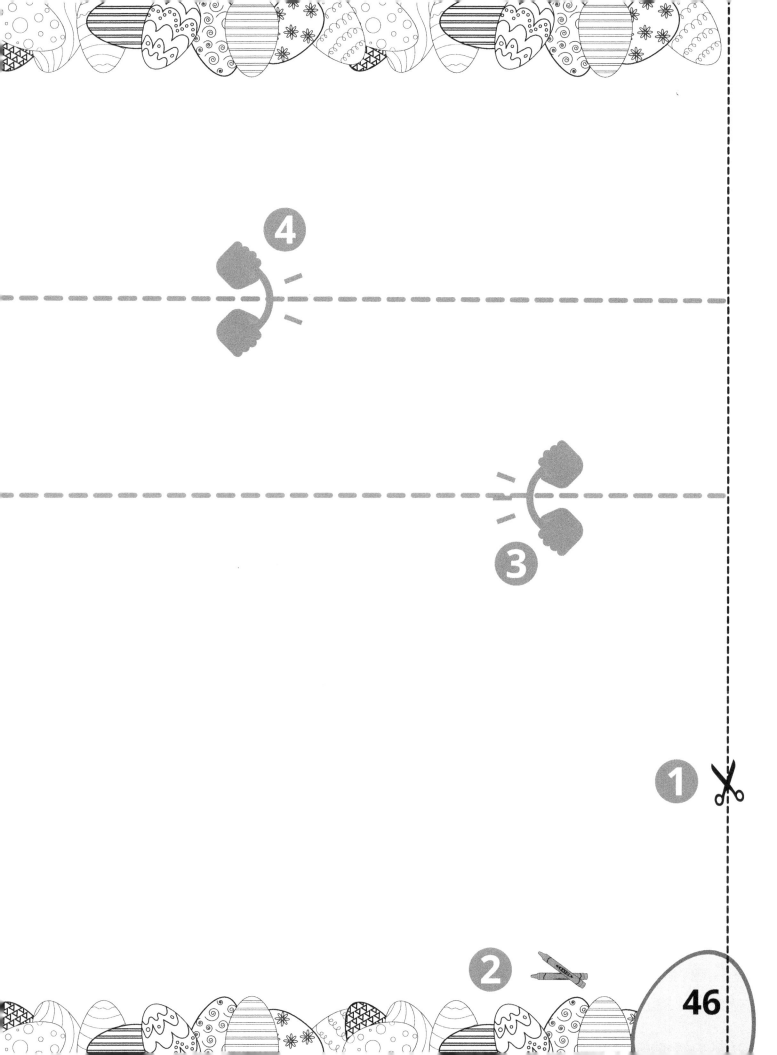

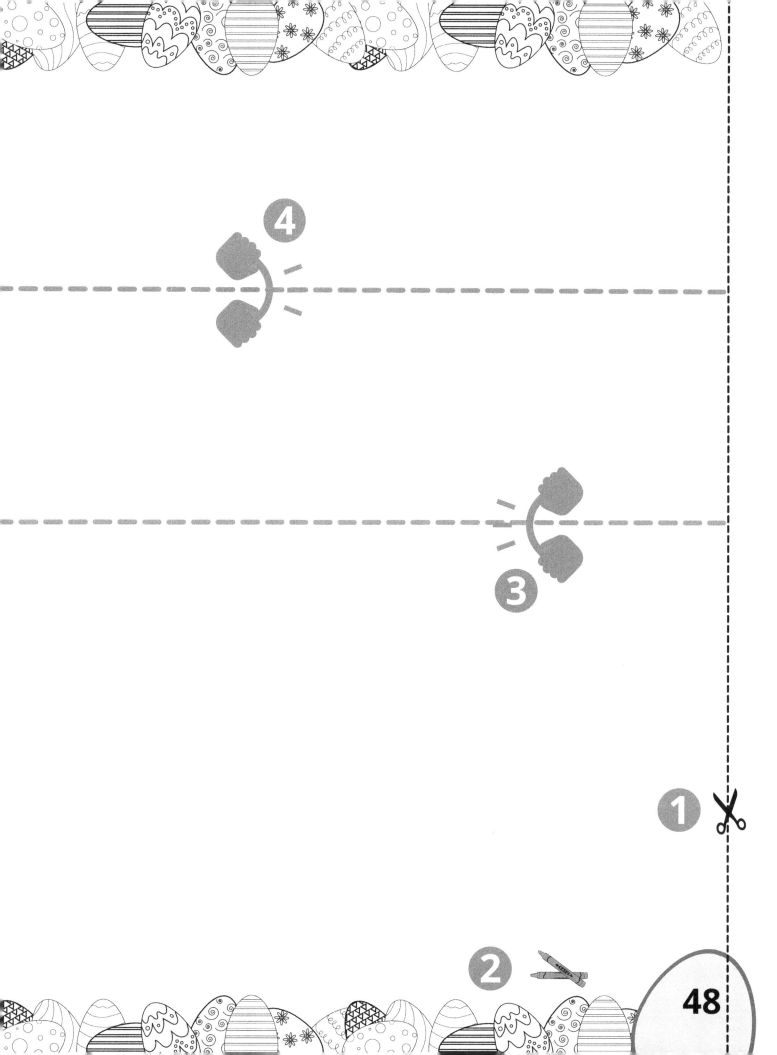

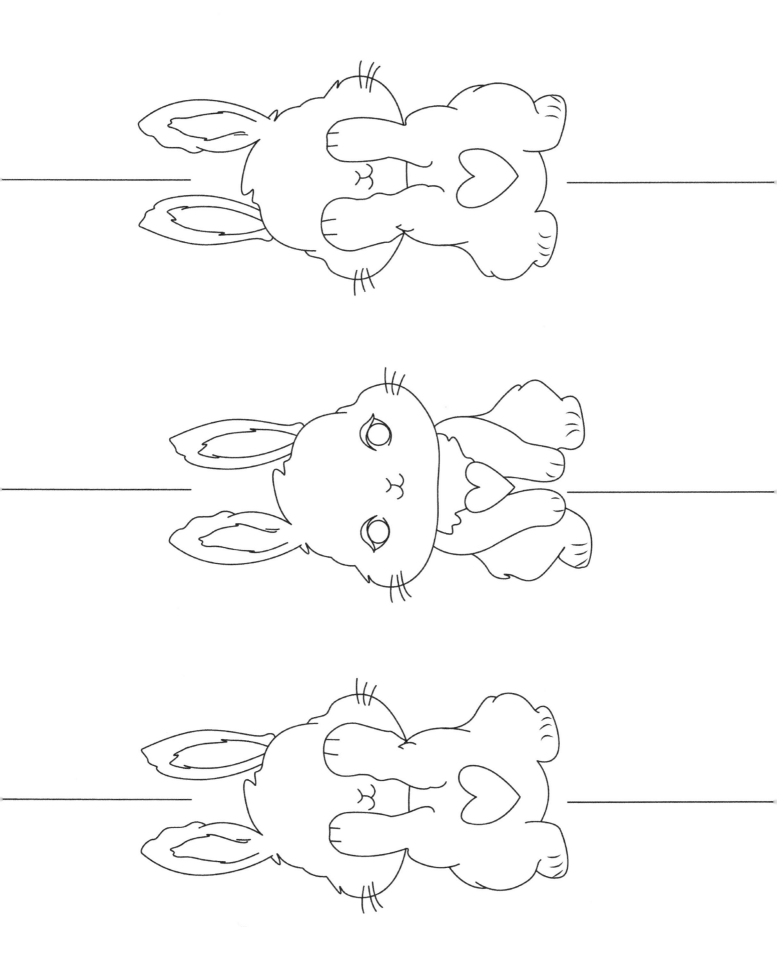

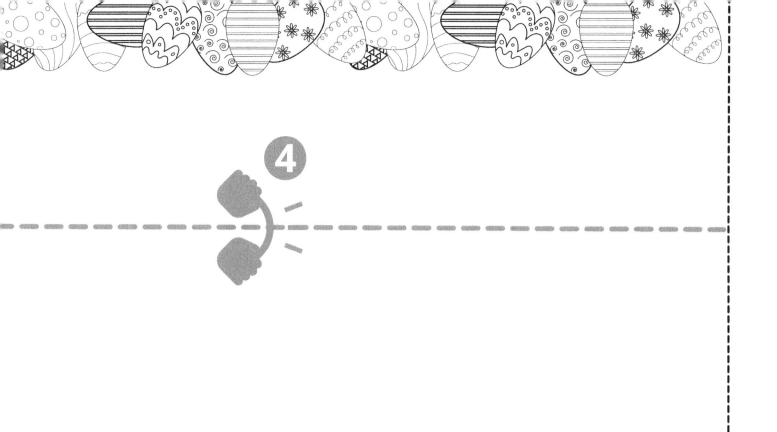

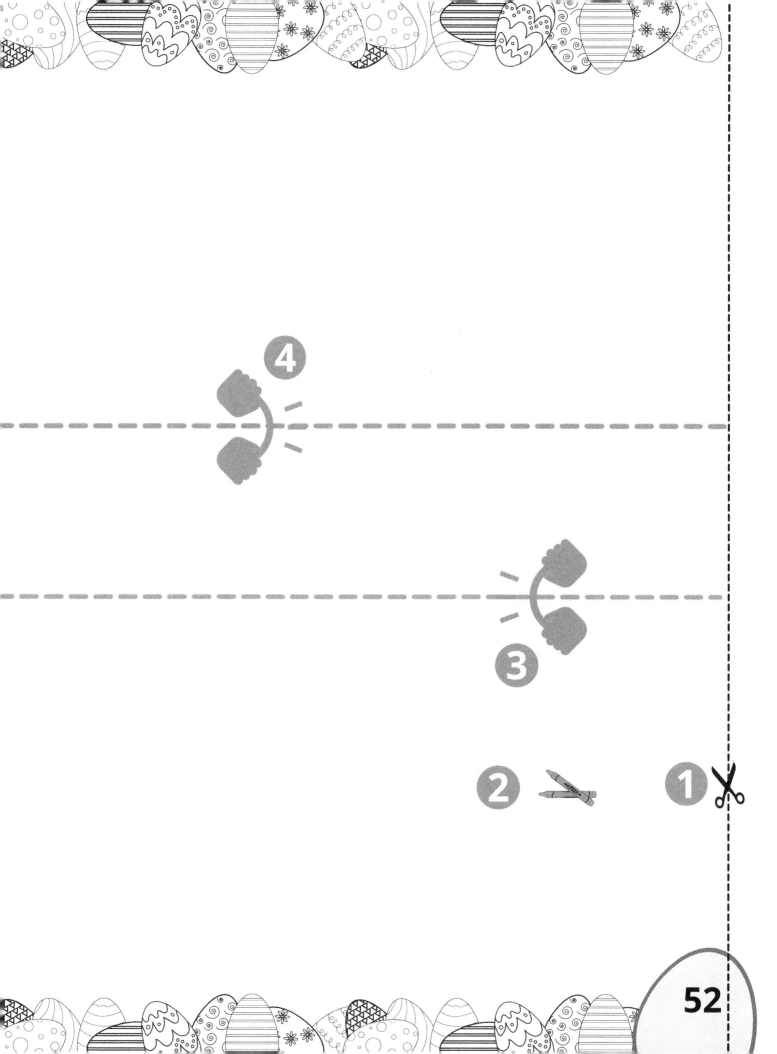

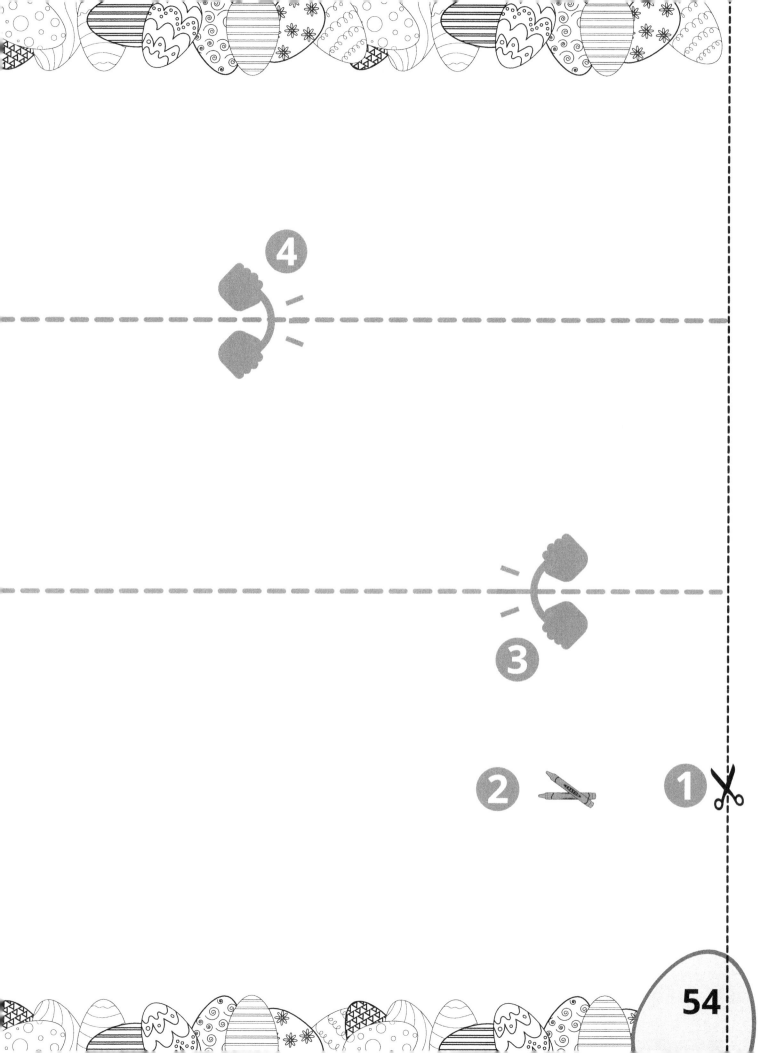

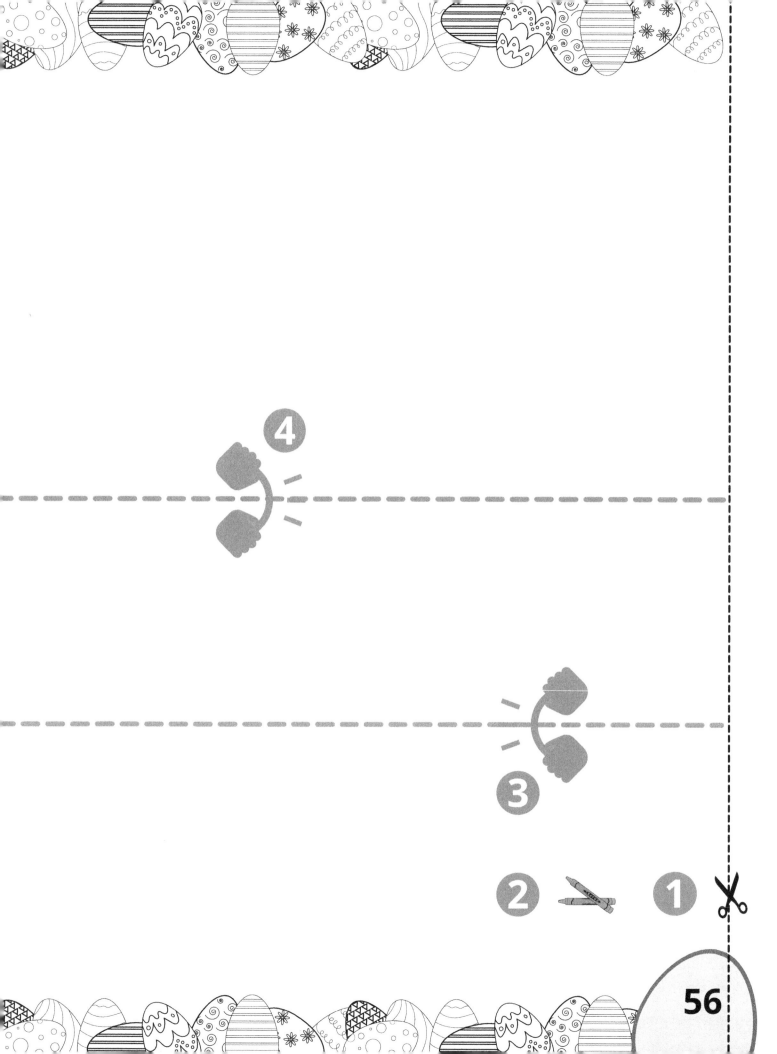

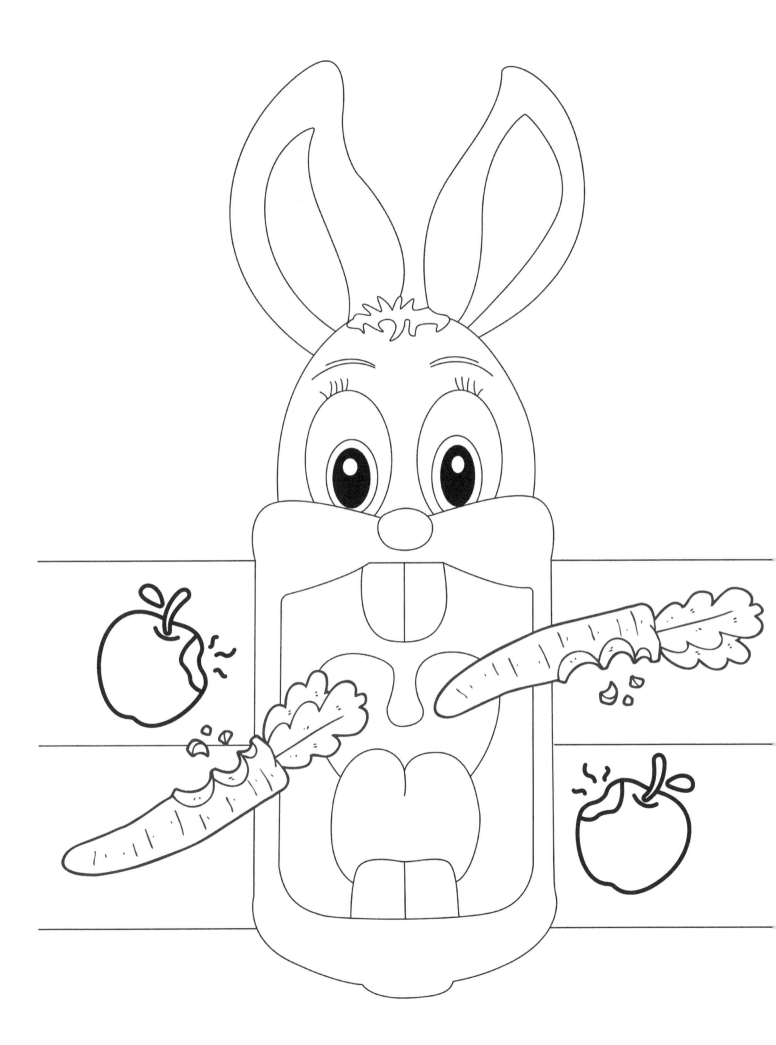

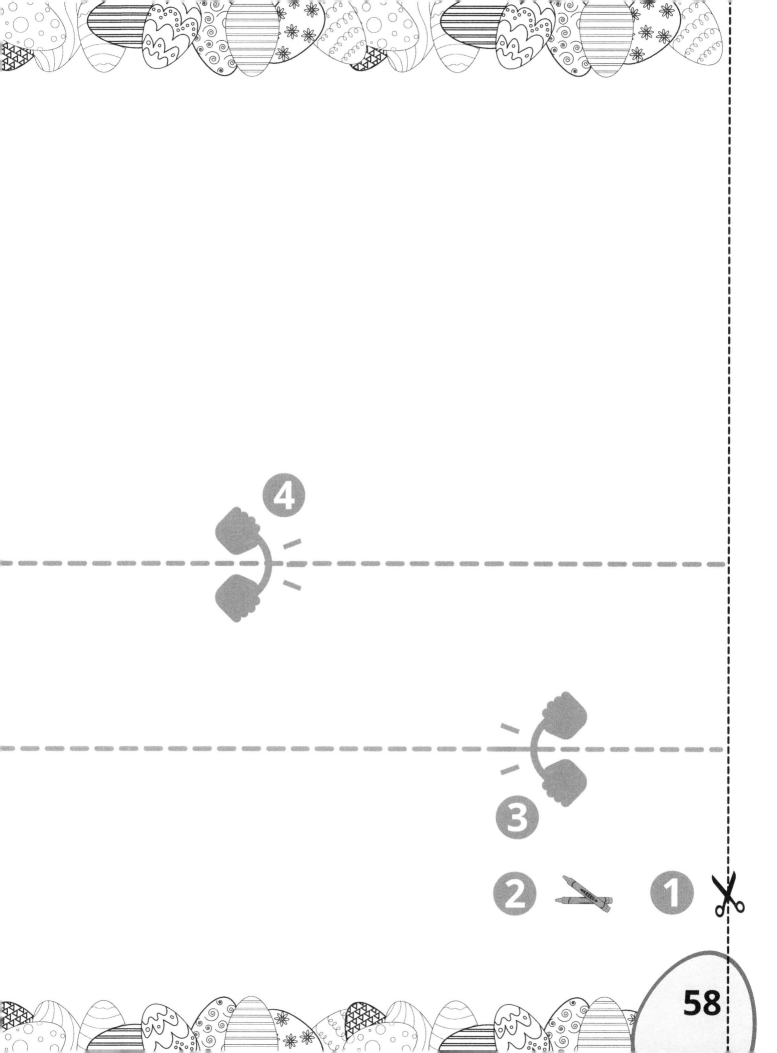

58

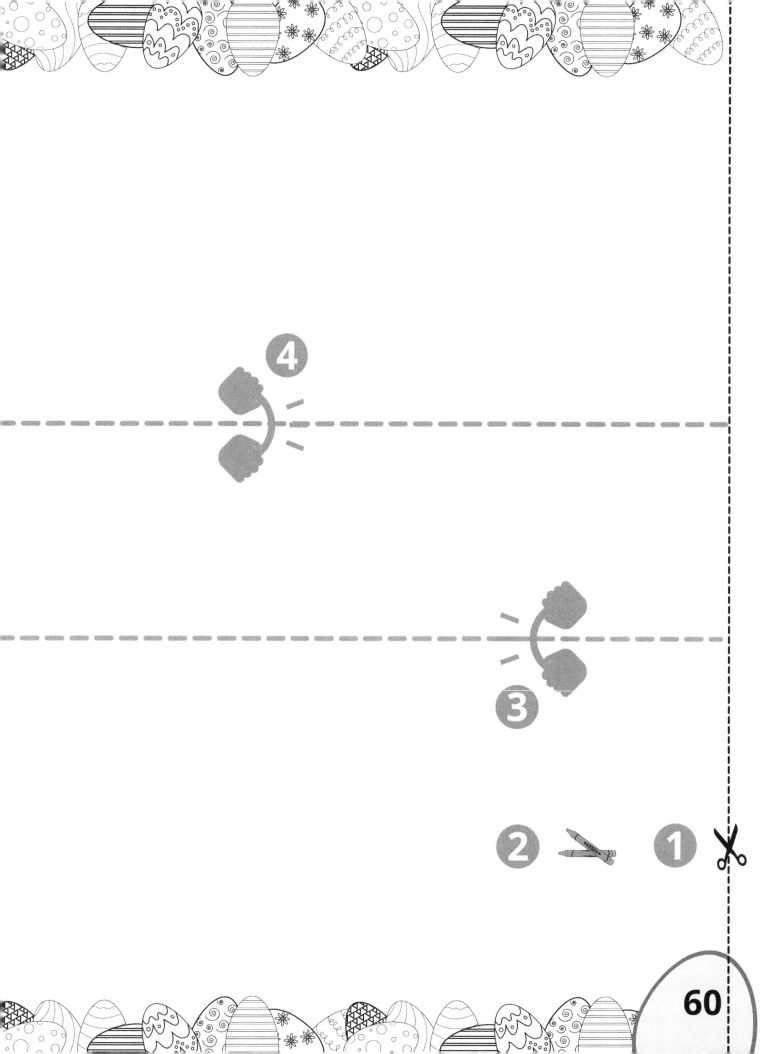

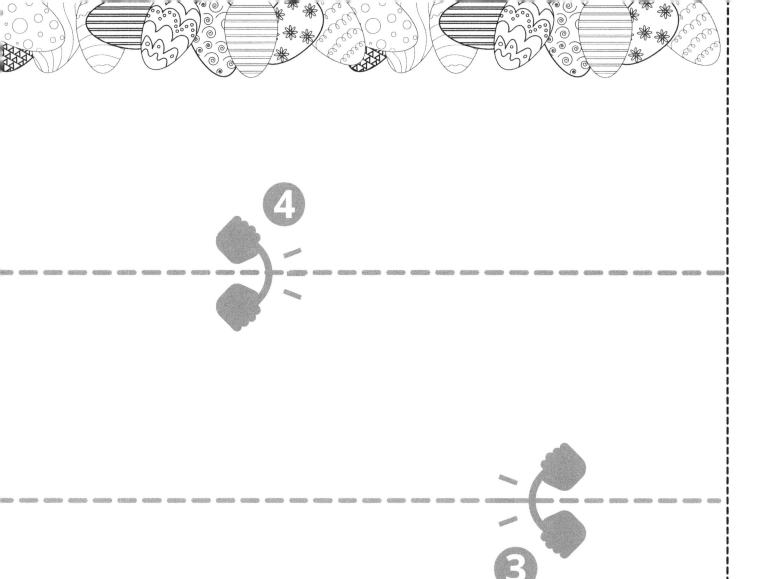

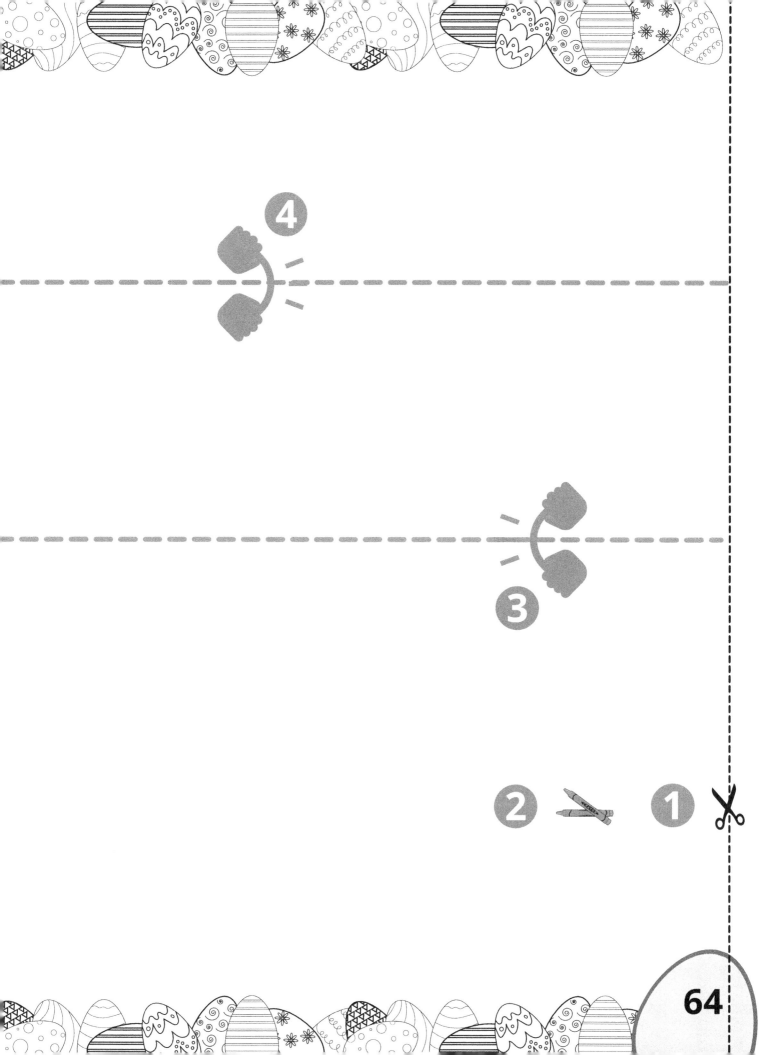

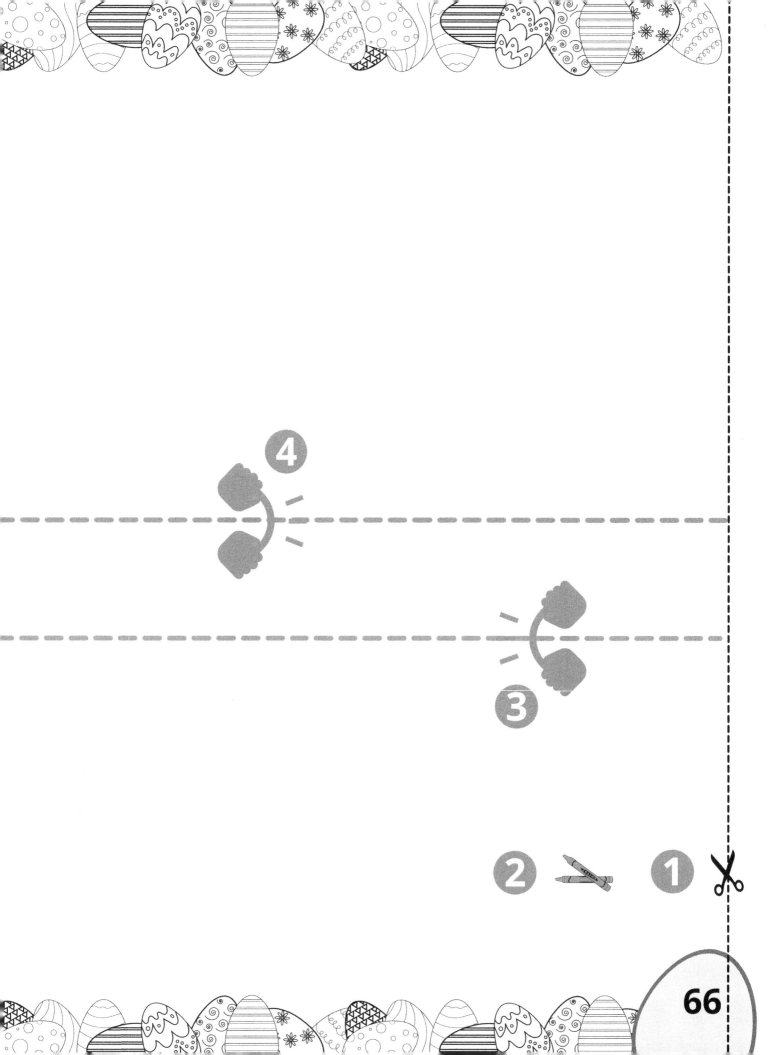

WHAT WILL YOU DRAW IN THE EGG?
BE CREATIVE

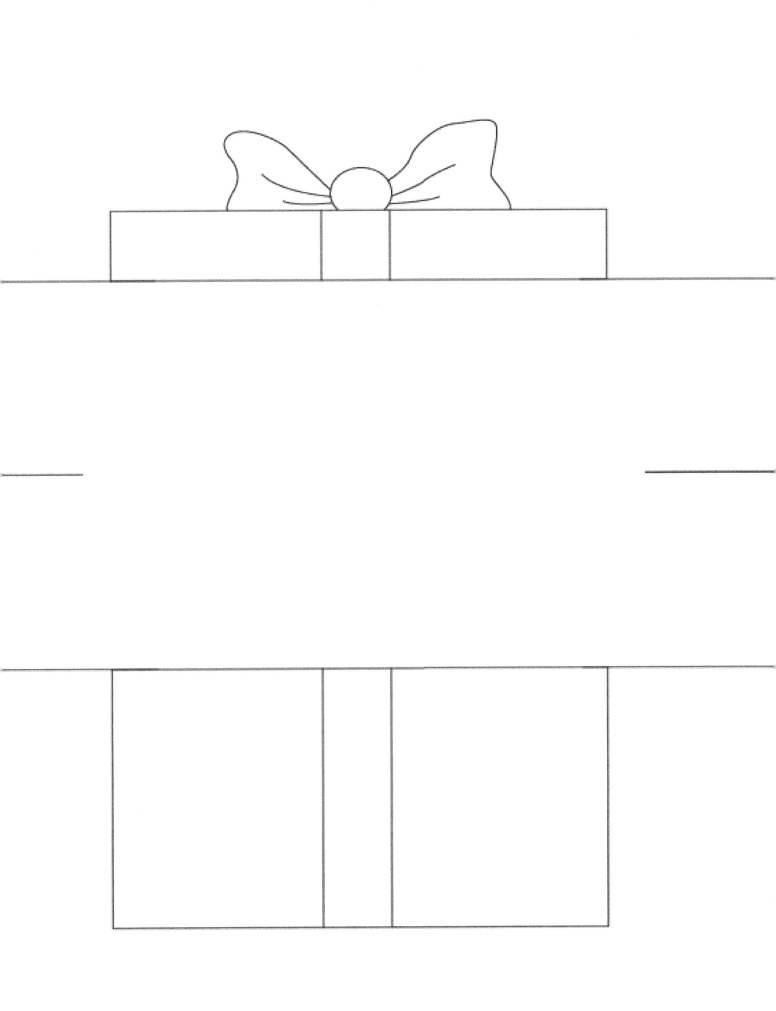

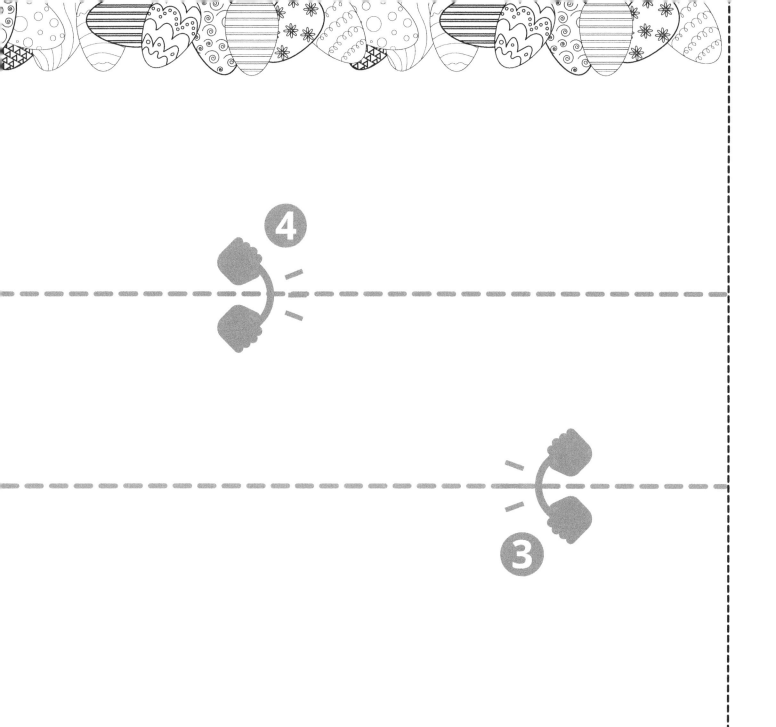

WHAT WILL YOU DRAW IN THE BOX?
BE CREATIVE

SPOT
THE DIFFERENCE

FIND
5 DIFFERENCES
ON EVERY PICTURE

MIRROR

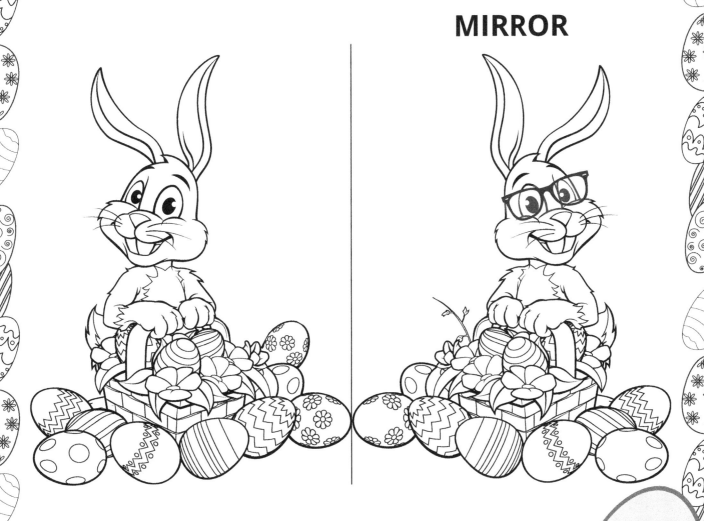

72

73

76

SOLUTIONS

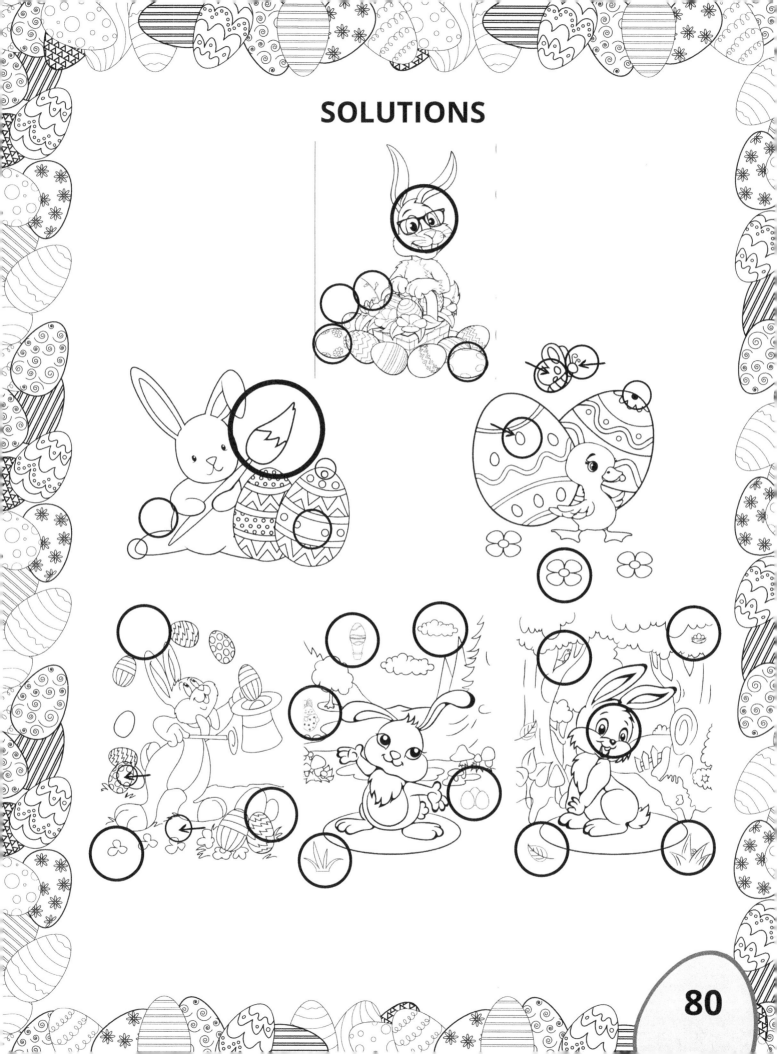

HOW TO DRAW

TRACING

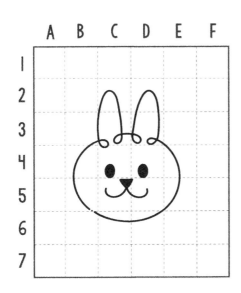

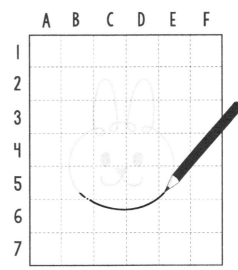

TRACING

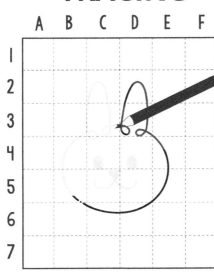

PRACTICING

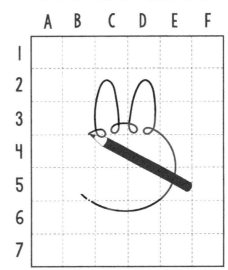

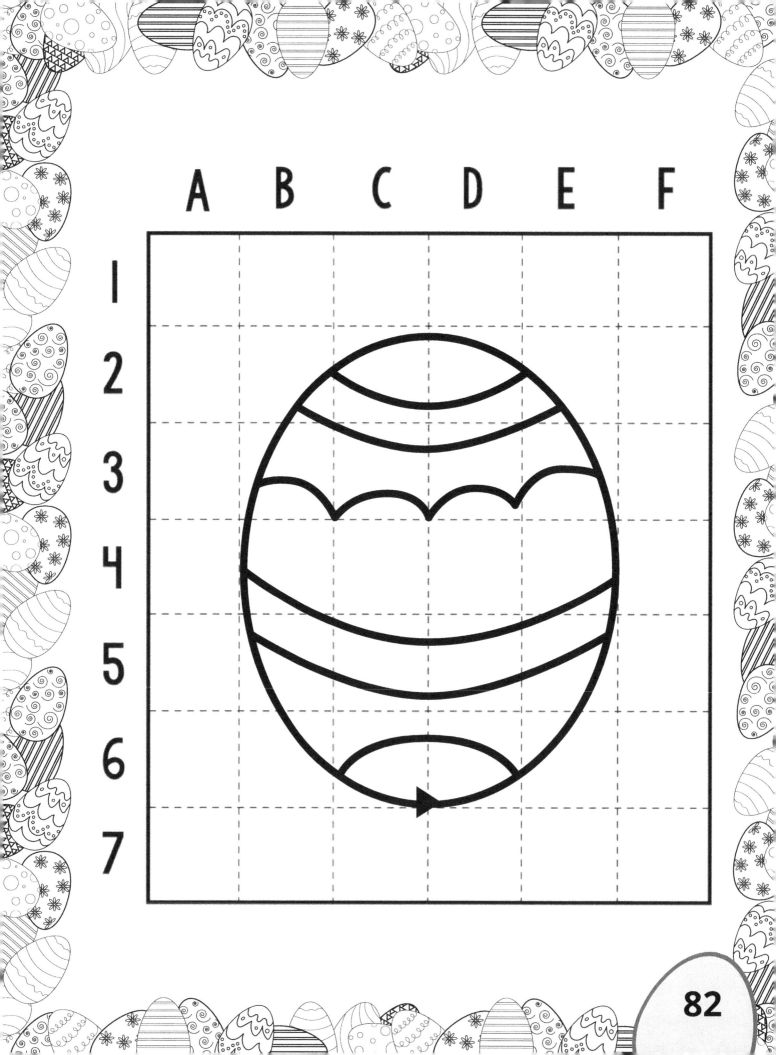

A B C D E F

1
2
3
4
5
6
7

TRACE IT

A   B   C   D   E   F

1
2
3
4
5
6
7

TRACE IT

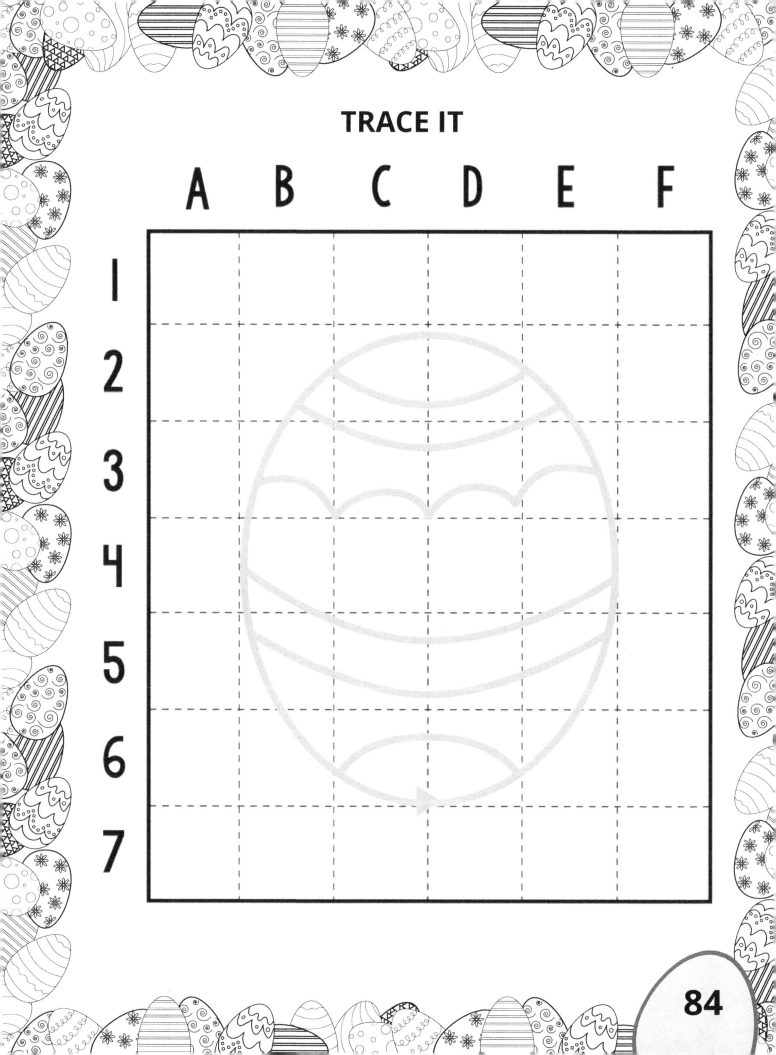

PRACTICE

	A	B	C	D	E	F
1						
2						
3						
4						
5						
6						
7						

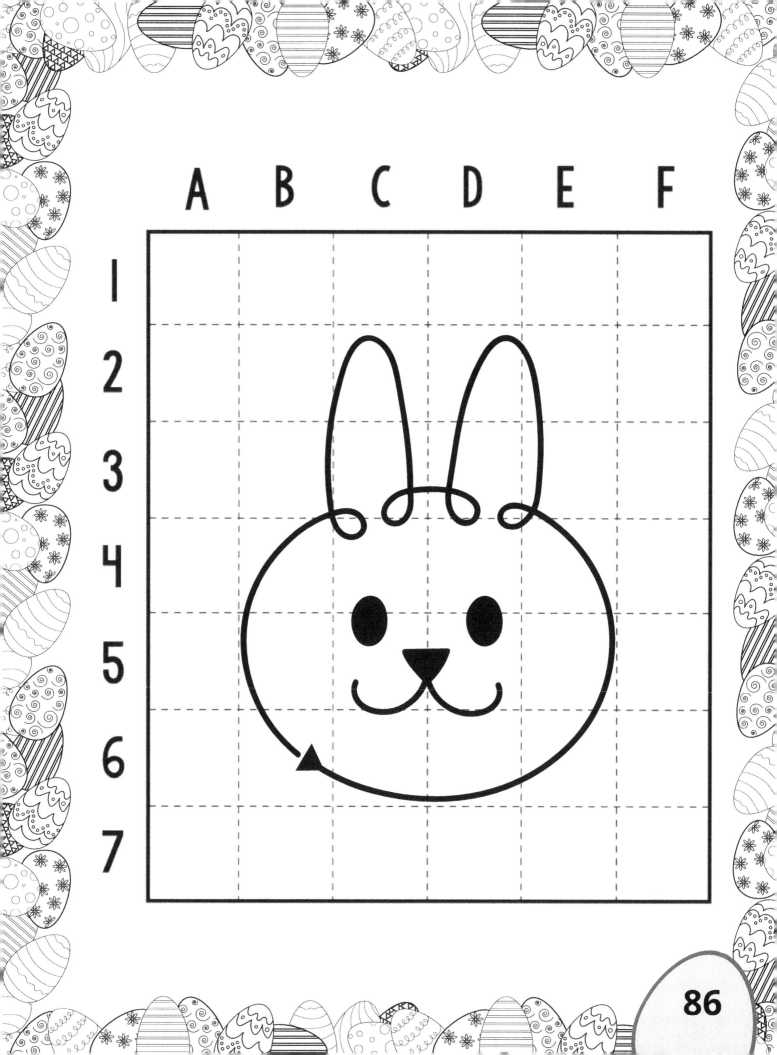

86

TRACE IT

A B C D E F

1
2
3
4
5
6
7

TRACE IT

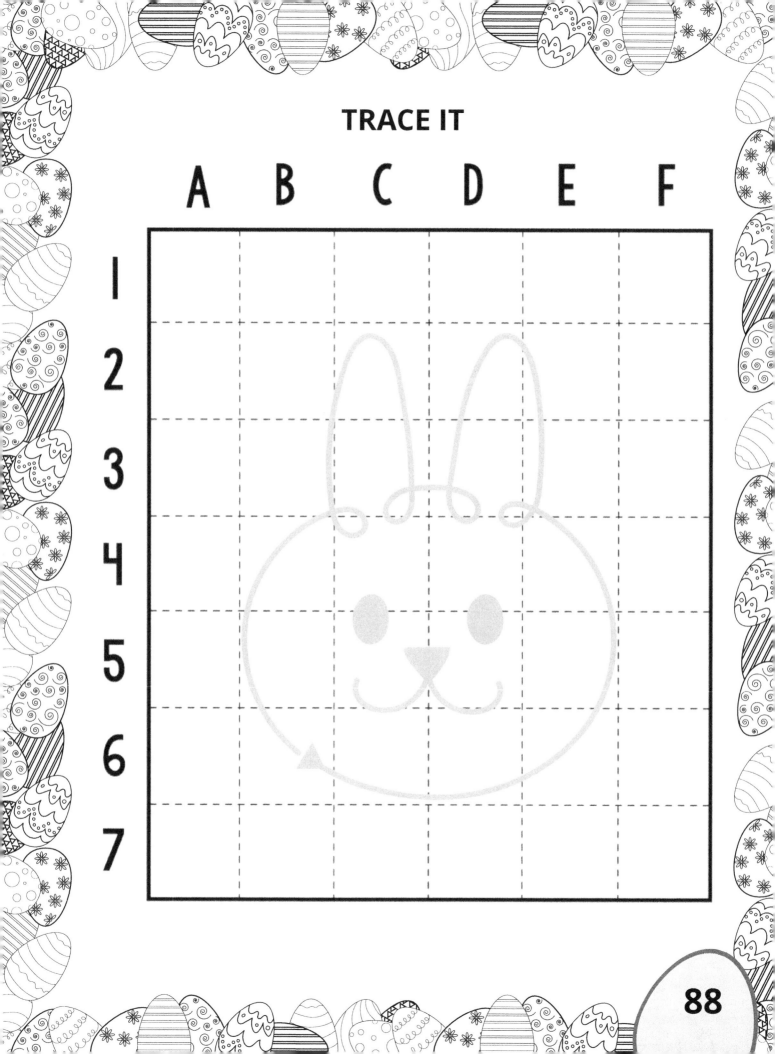

PRACTICE

	A	B	C	D	E	F
1						
2						
3						
4						
5						
6						
7						

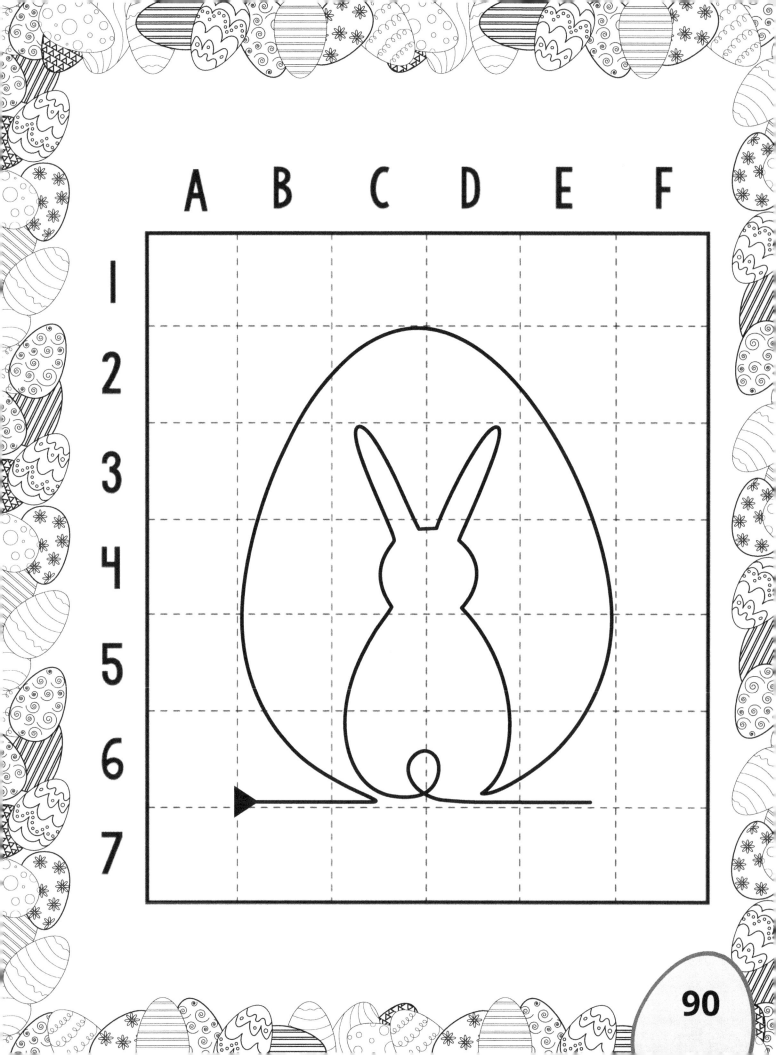

A B C D E F

1 2 3 4 5 6 7

TRACE IT

A   B   C   D   E   F

1
2
3
4
5
6
7

TRACE IT

A　B　C　D　E　F

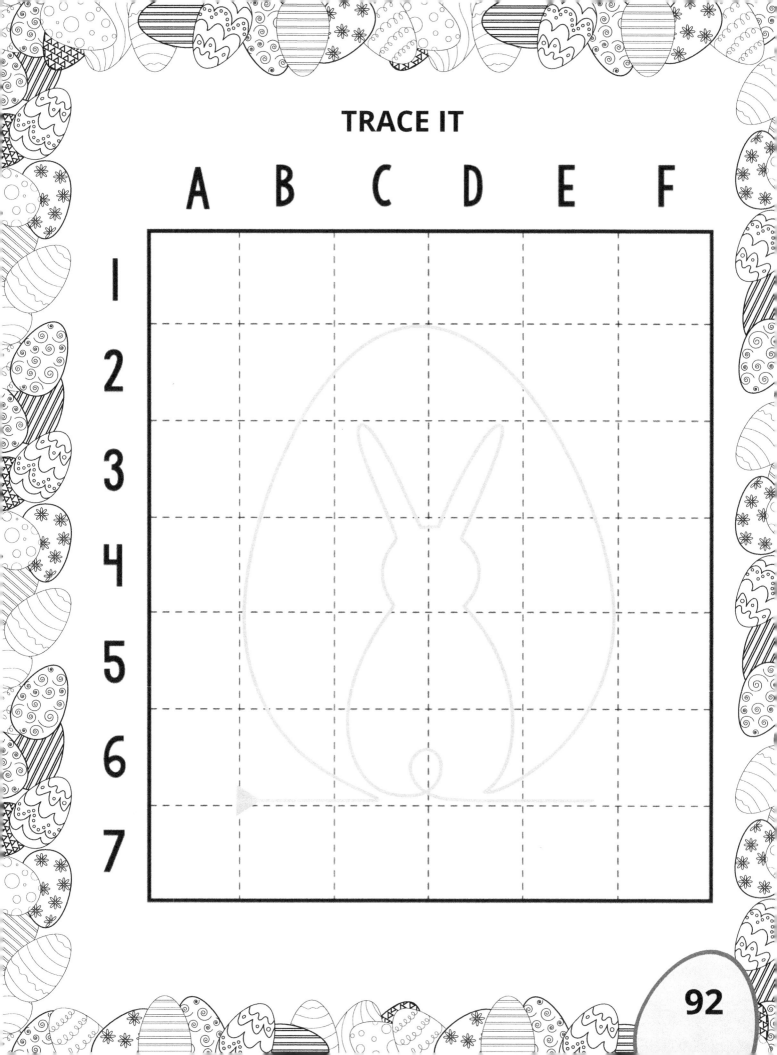

1　2　3　4　5　6　7

PRACTICE

	A	B	C	D	E	F
1						
2						
3						
4						
5						
6						
7						

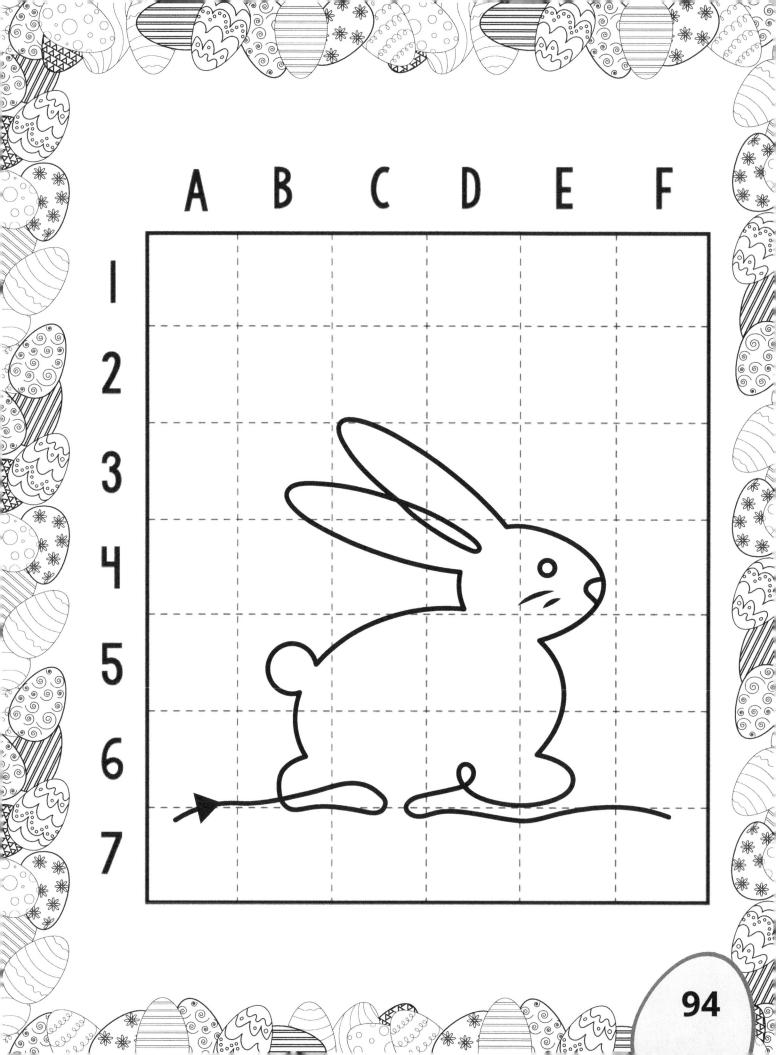

TRACE IT

A B C D E F

1
2
3
4
5
6
7

TRACE IT

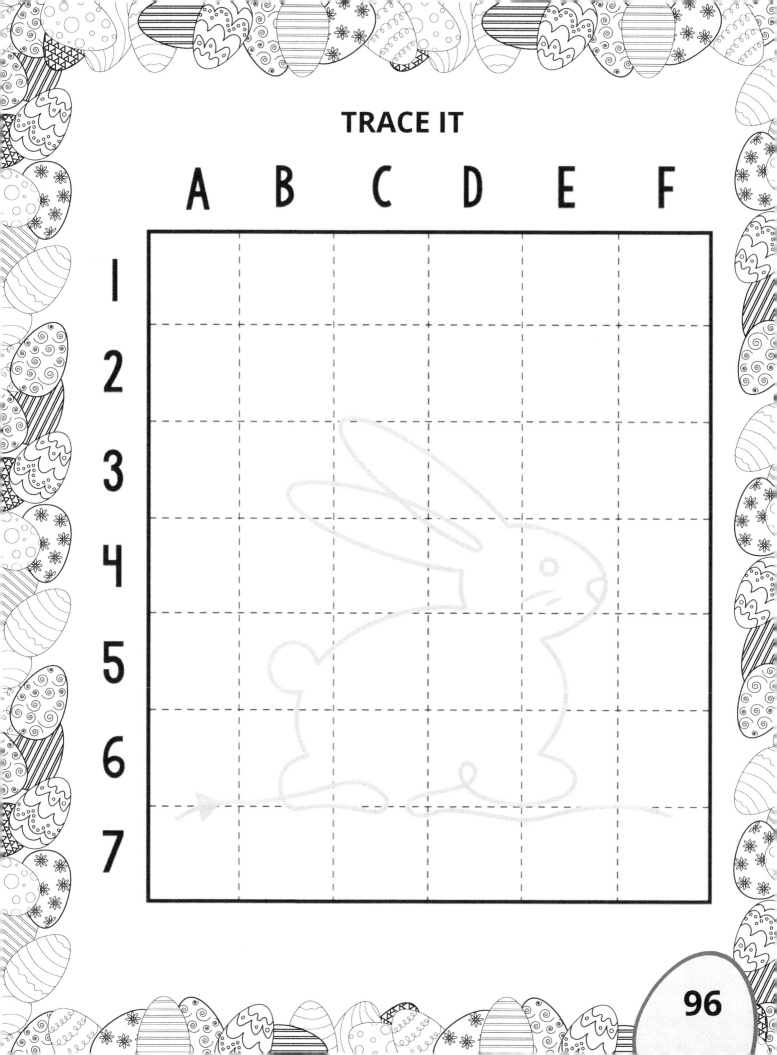

PRACTICE

	A	B	C	D	E	F
1						
2						
3						
4						
5						
6						
7						

SCISSOR SKILLS

100

101

102

103

106

107

108

MAKE A BOX

COLOR, CUT AND PUT TOGETHER.

CUTTING

1

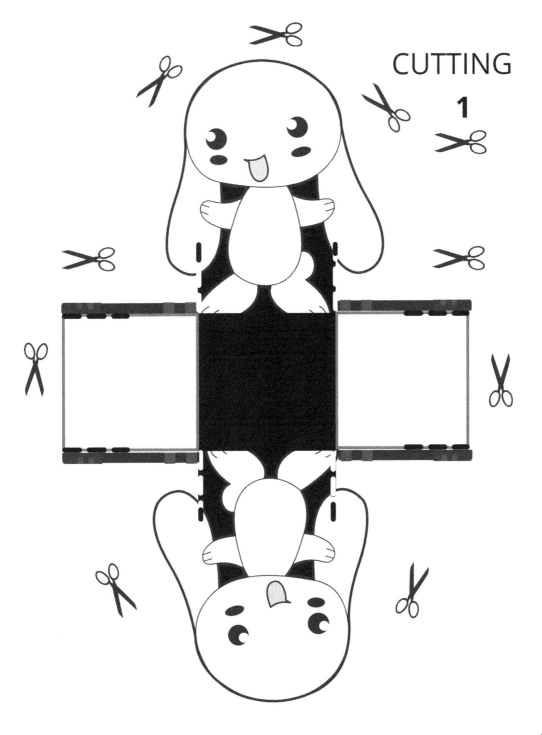

FOLDING   CUTTING

·················   ------------

:(**2**   **3** ✂

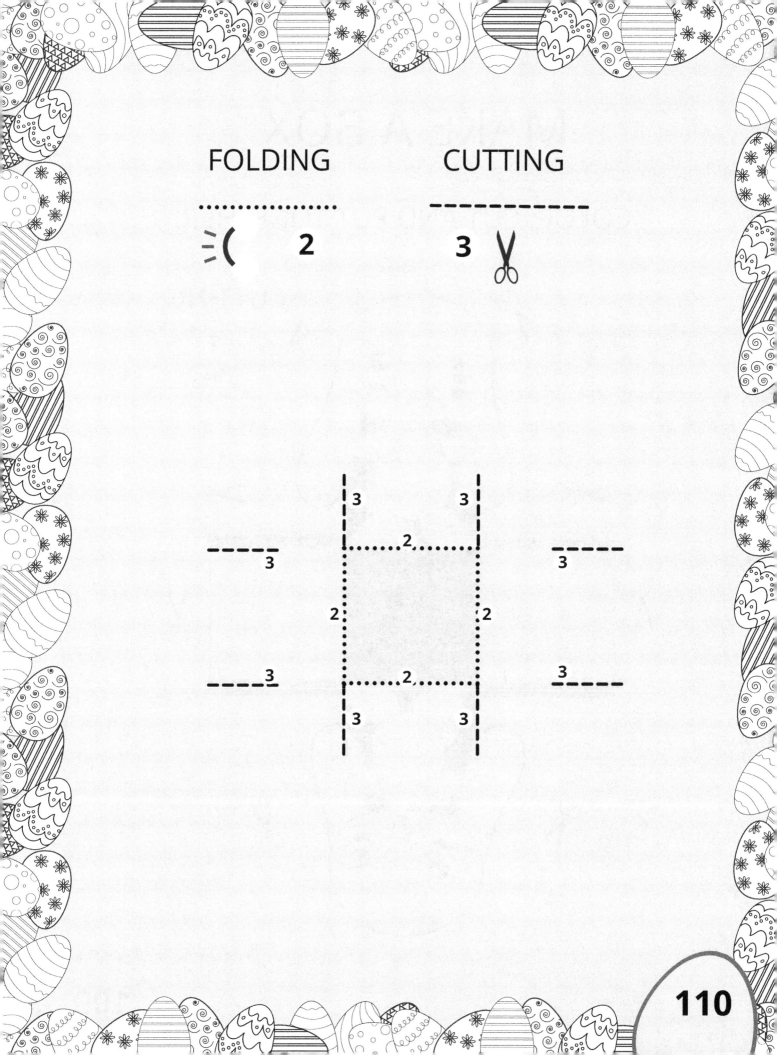

110

A word puzzle

CUT, FOLD, MIX PAPER LINES
(INTERLACE) AND SOLVE PUZZLE.

2 2. FOLDING   1. CUTTING   1

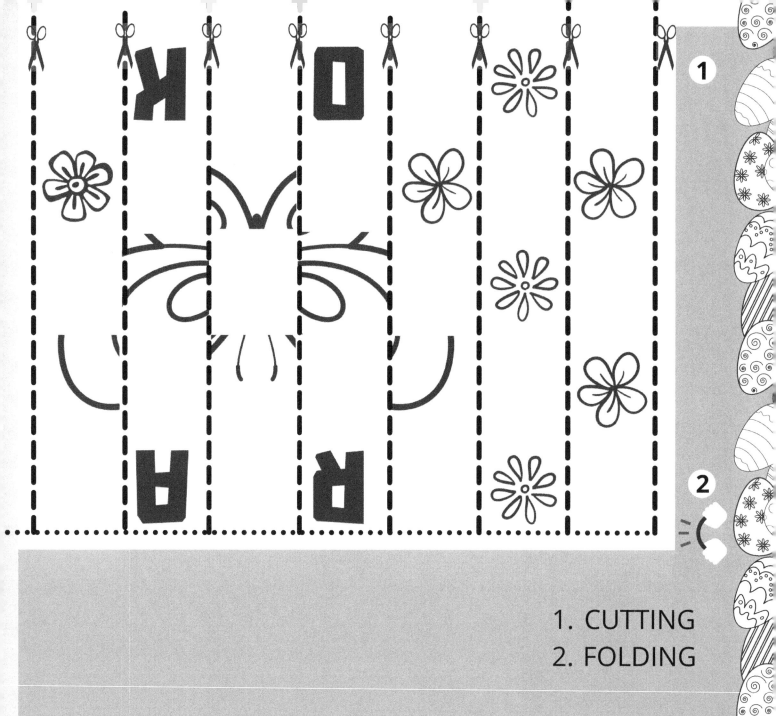

1. CUTTING
2. FOLDING

FIND THE WAY

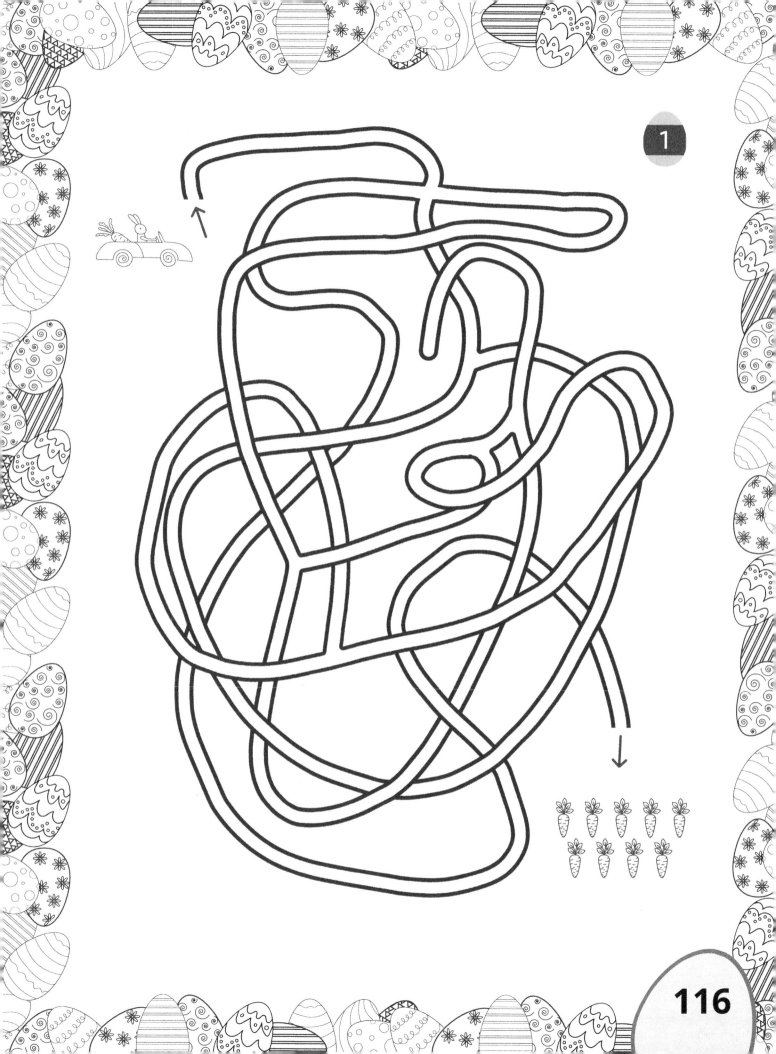

118

4

119

7

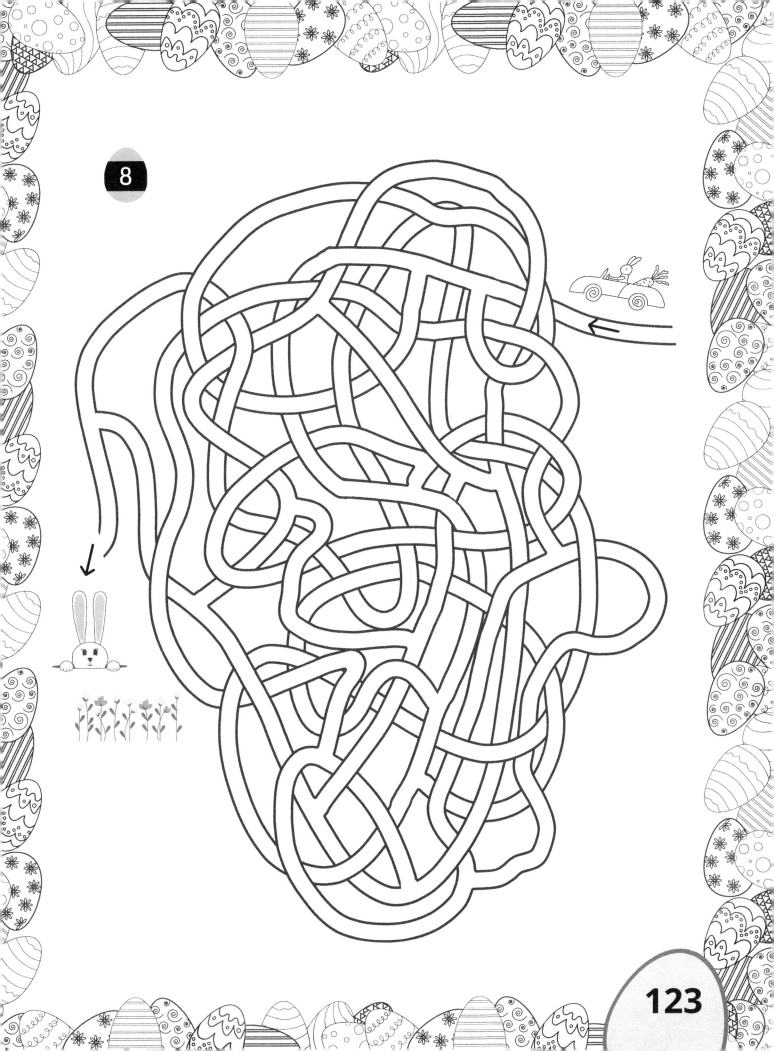

123

SOLUTIONS

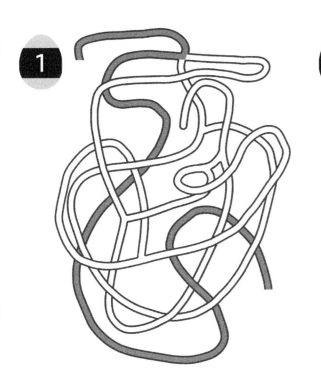

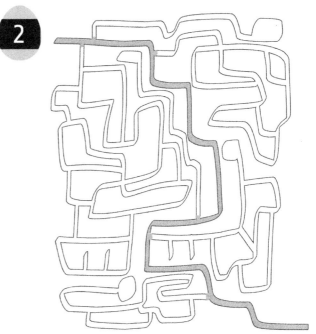

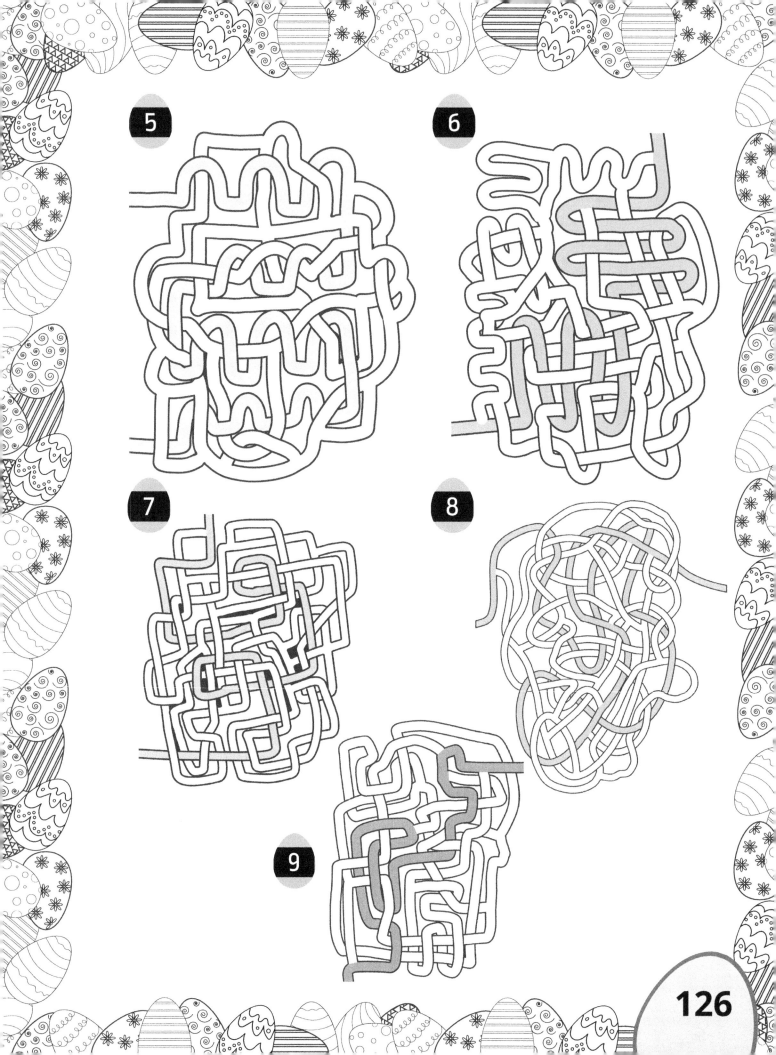

126

MAZES

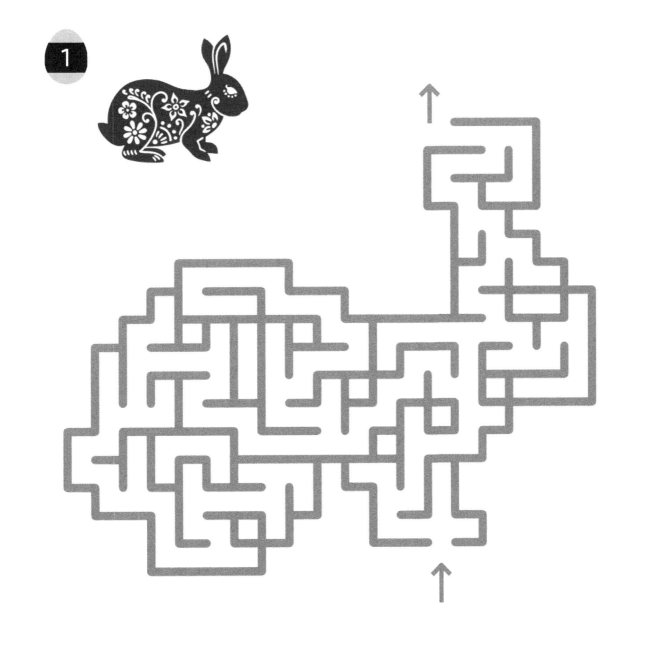

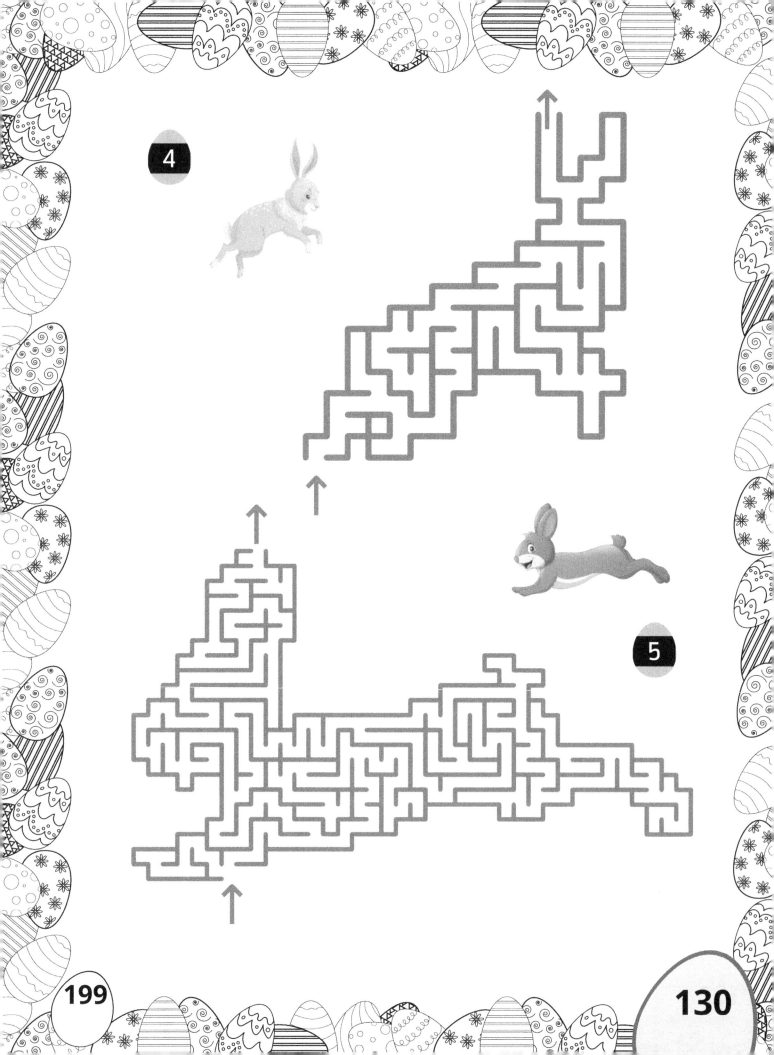

7

132

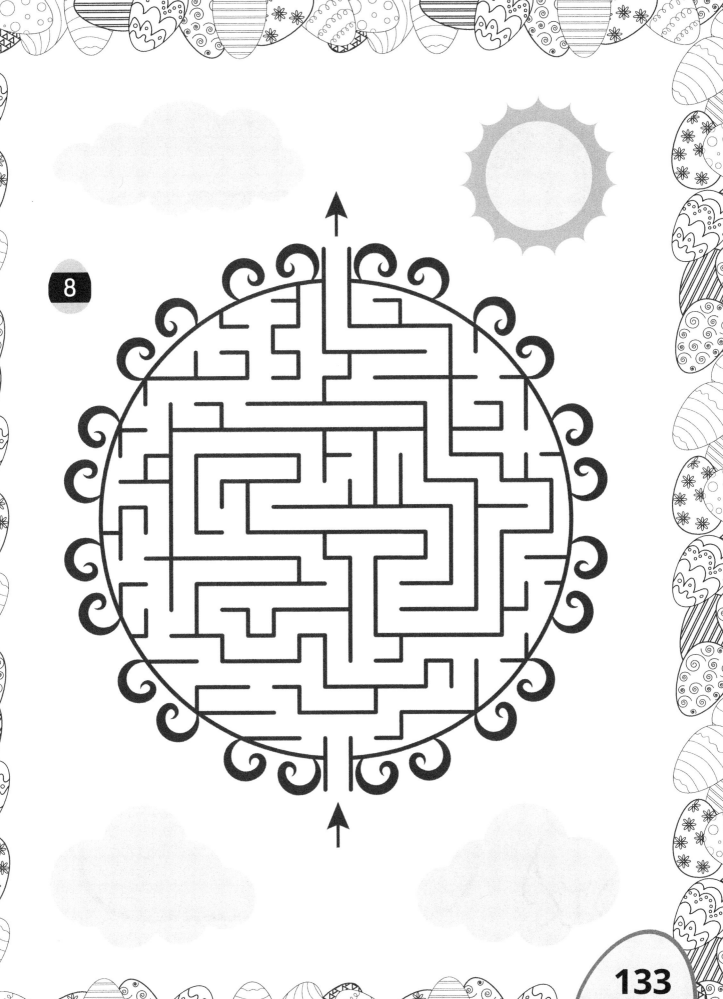

8

133

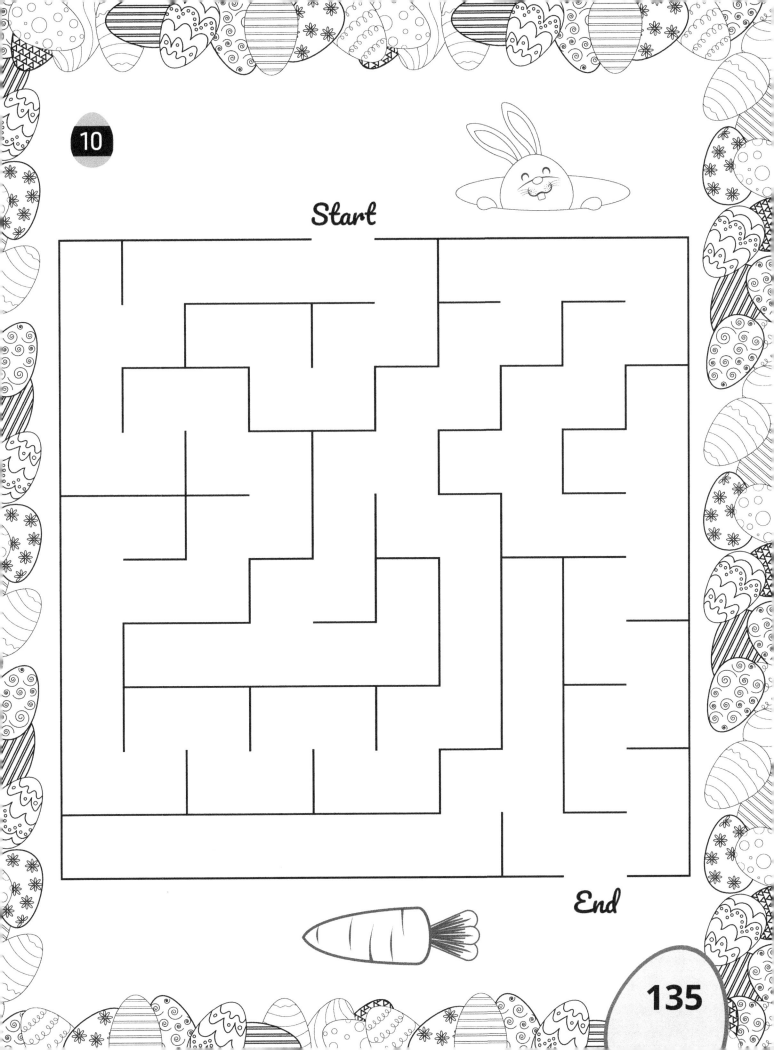

10

Start

End

135

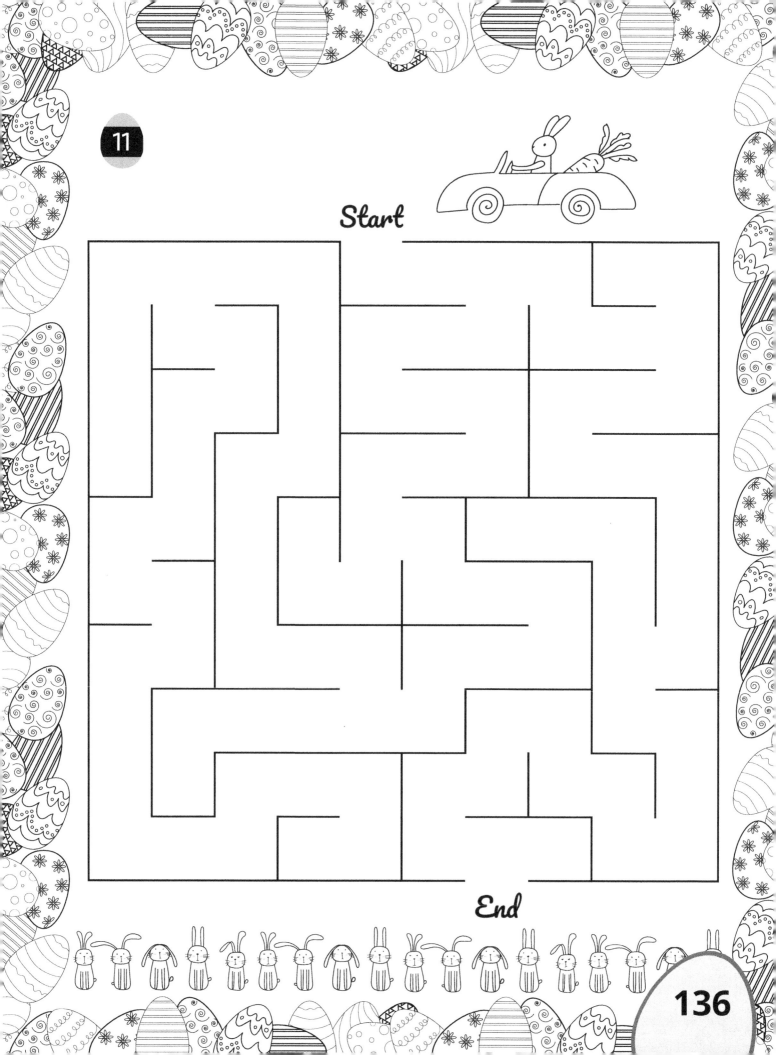

11

Start

End

136

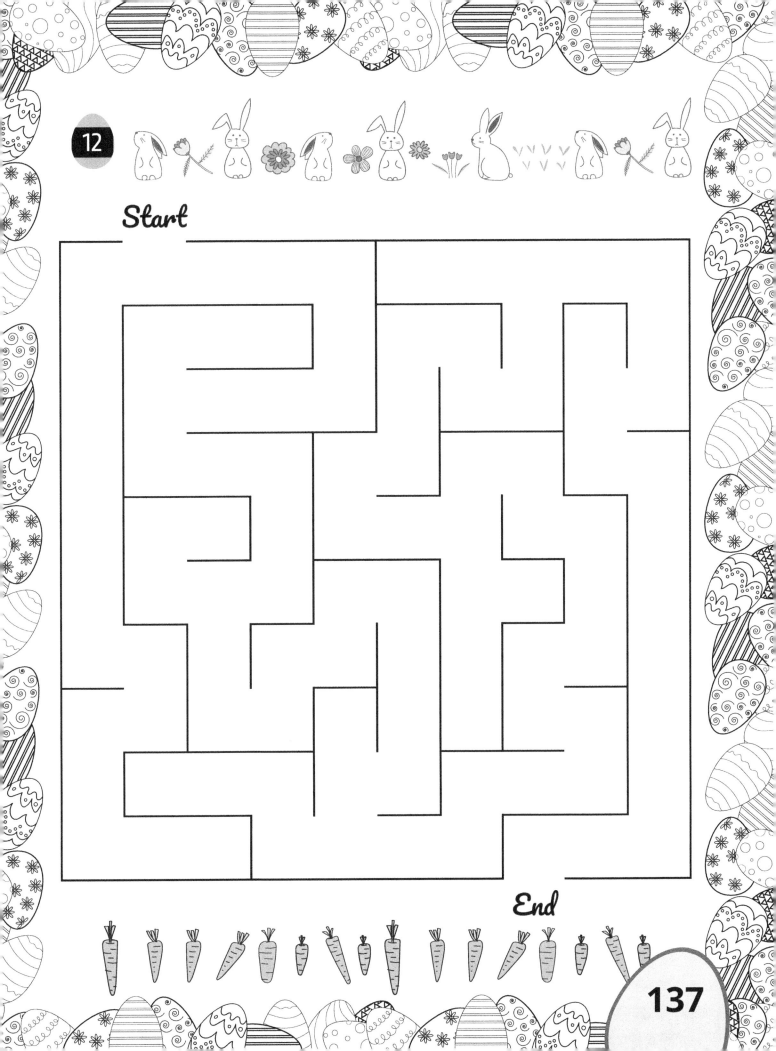

12

Start

End

137

13

Start

End

138

14

Start

End

139

15

Start

End

140

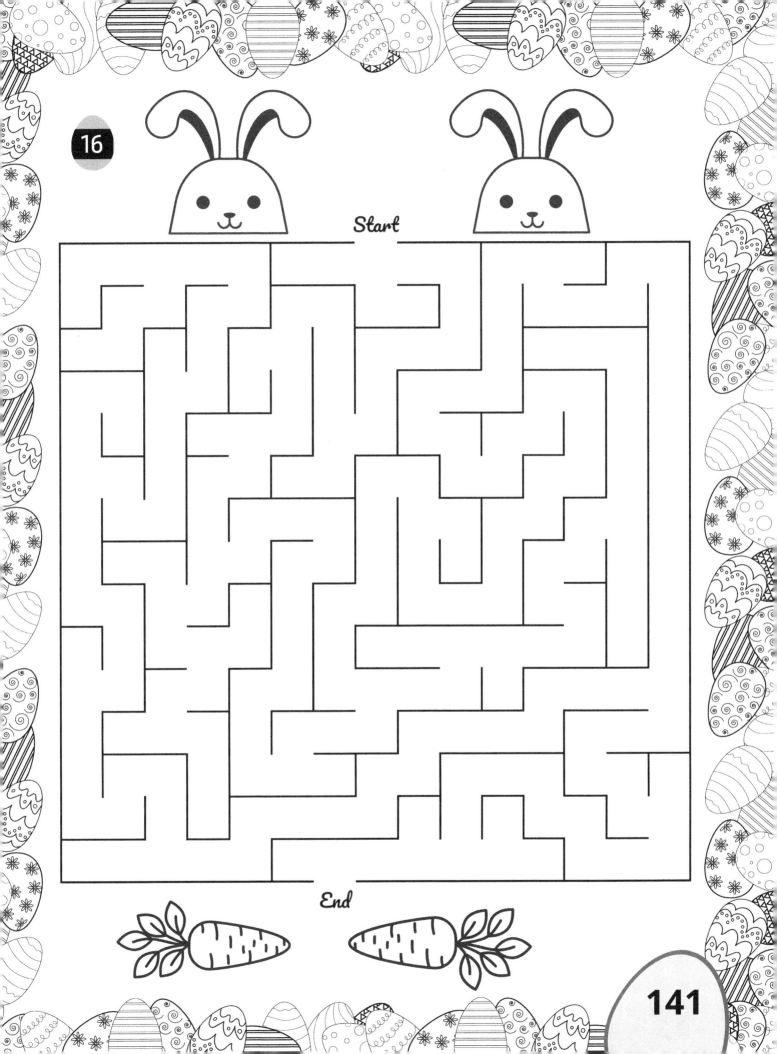

16

Start

End

141

17

Start

End

142

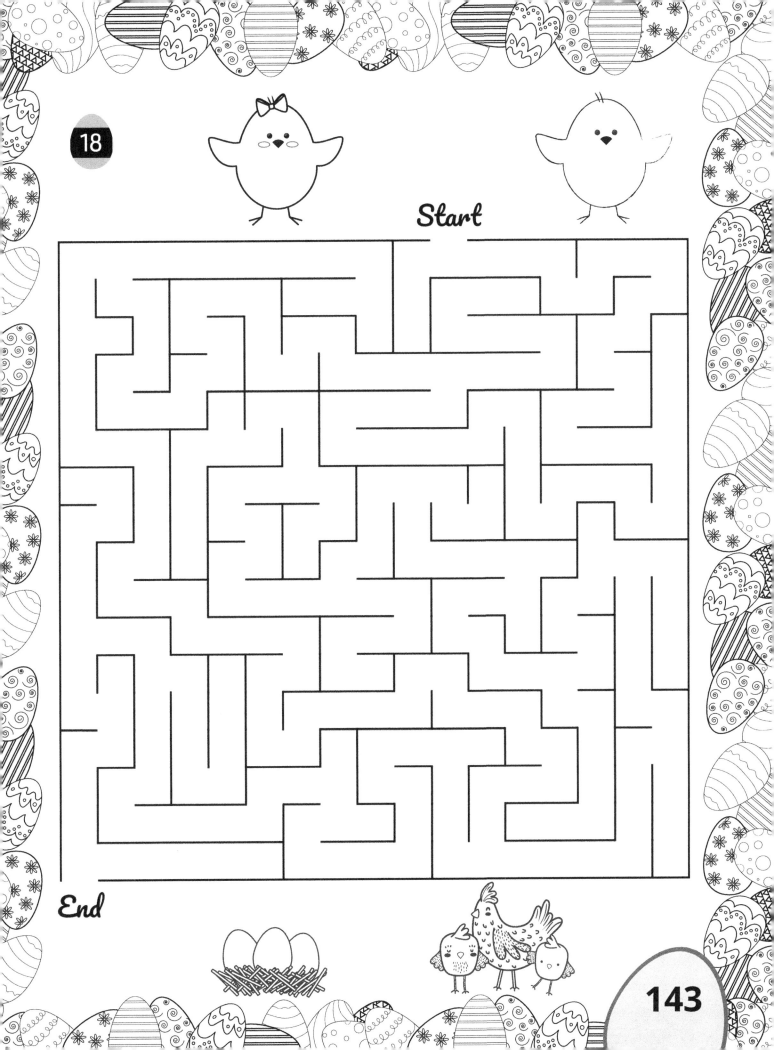

18

Start

End

143

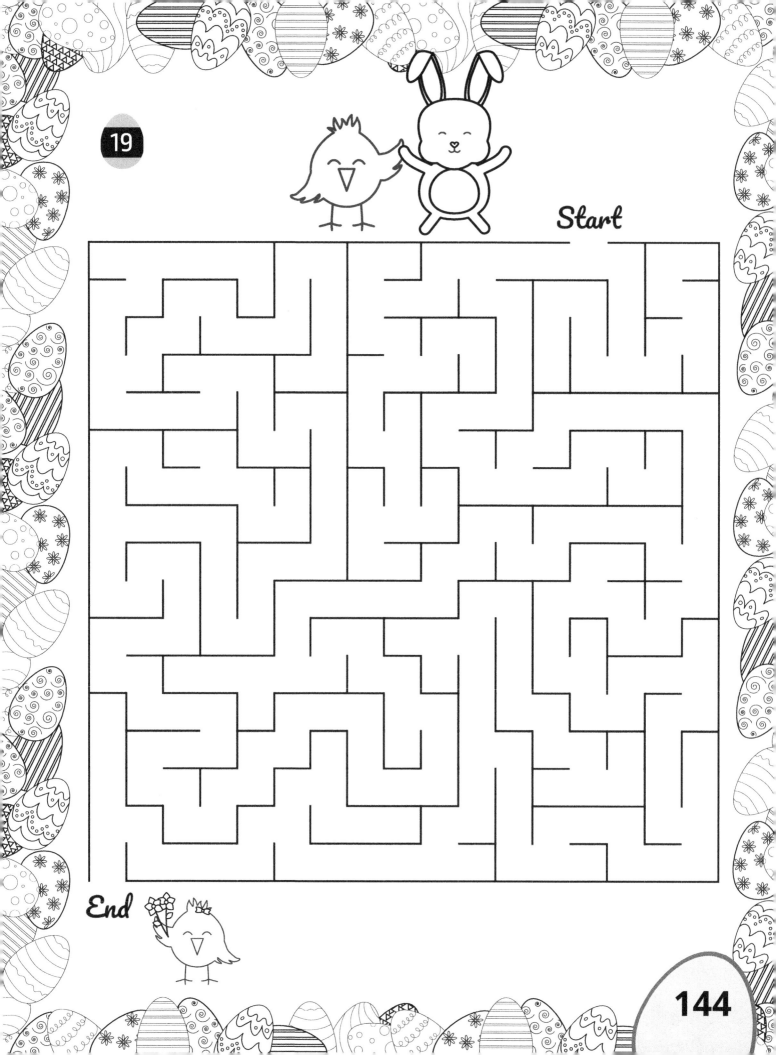

19

Start

End

144

20

Start

End

145

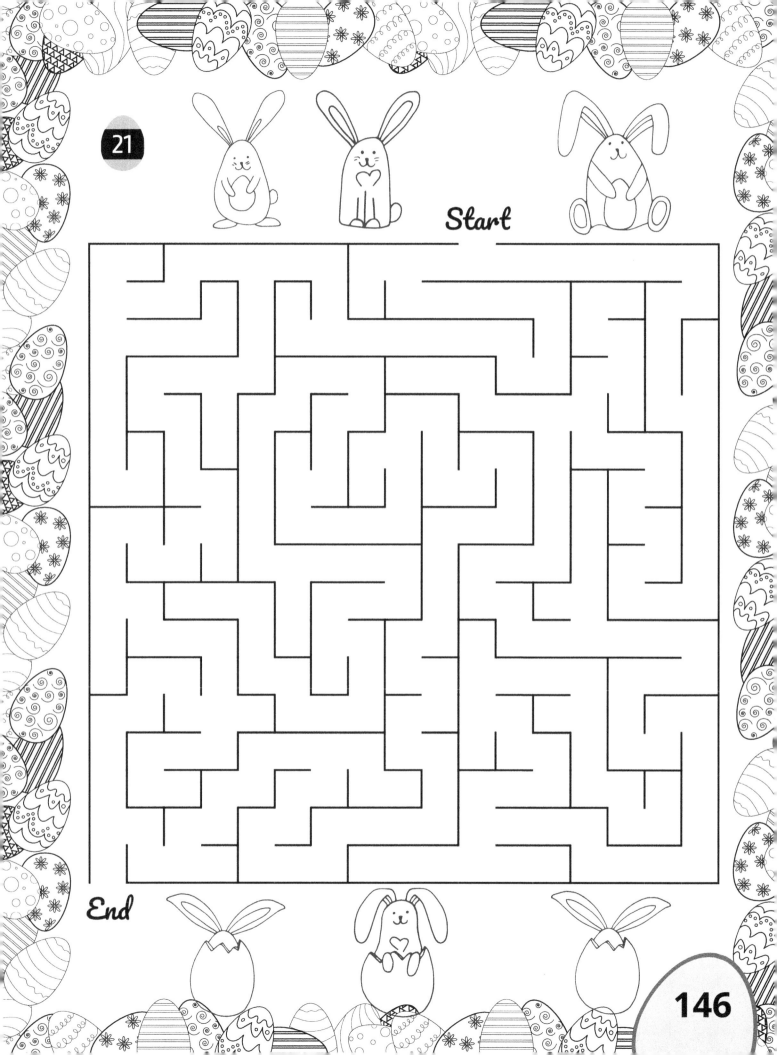

21

Start

End

146

22

Start

End

147

23

Start

End

148

24

Start

End

149

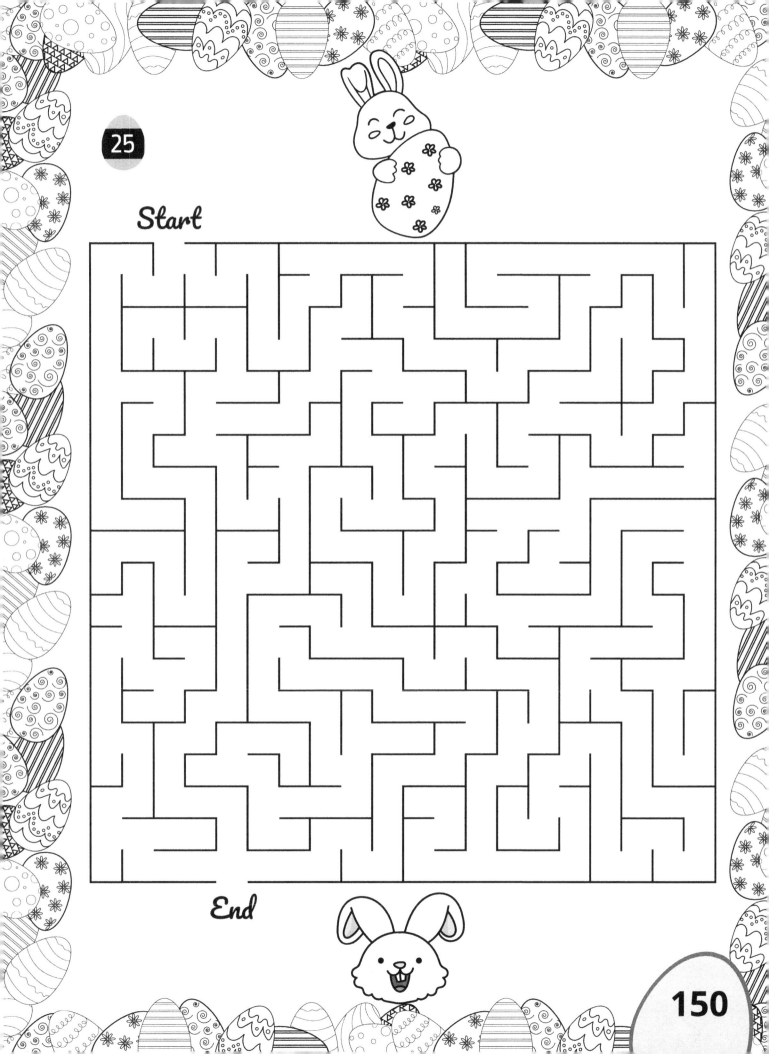

25

Start

End

150

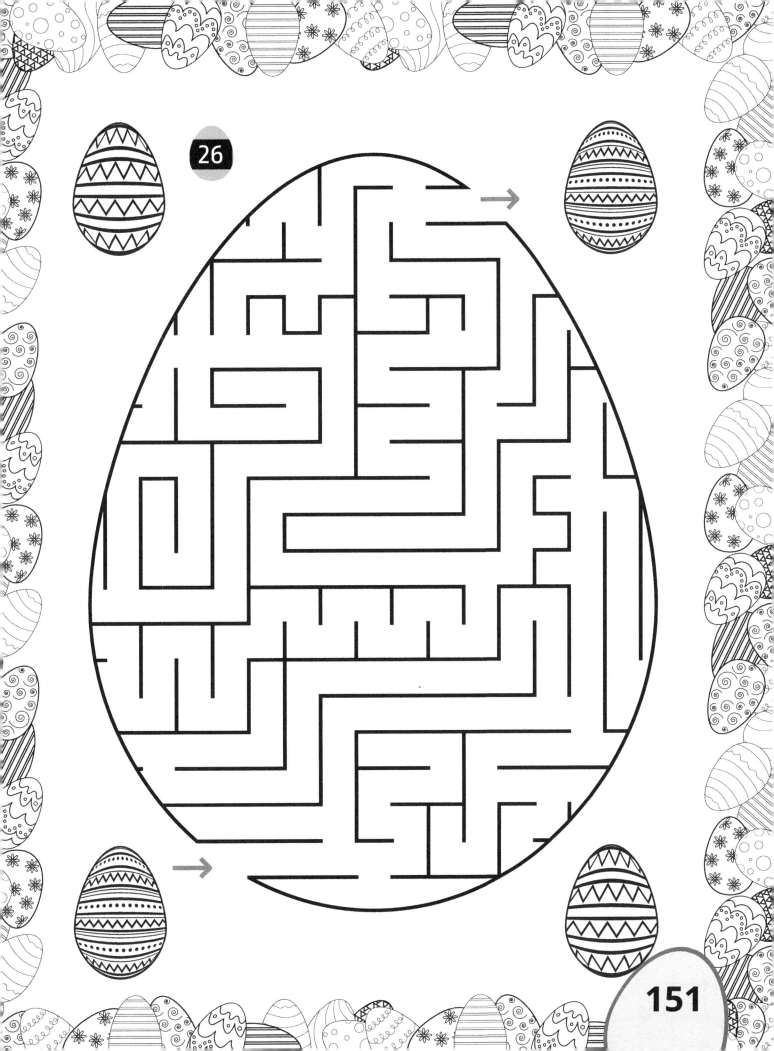

26

151

SOLUTIONS

SOLUTIONS

6

7

8

9

154

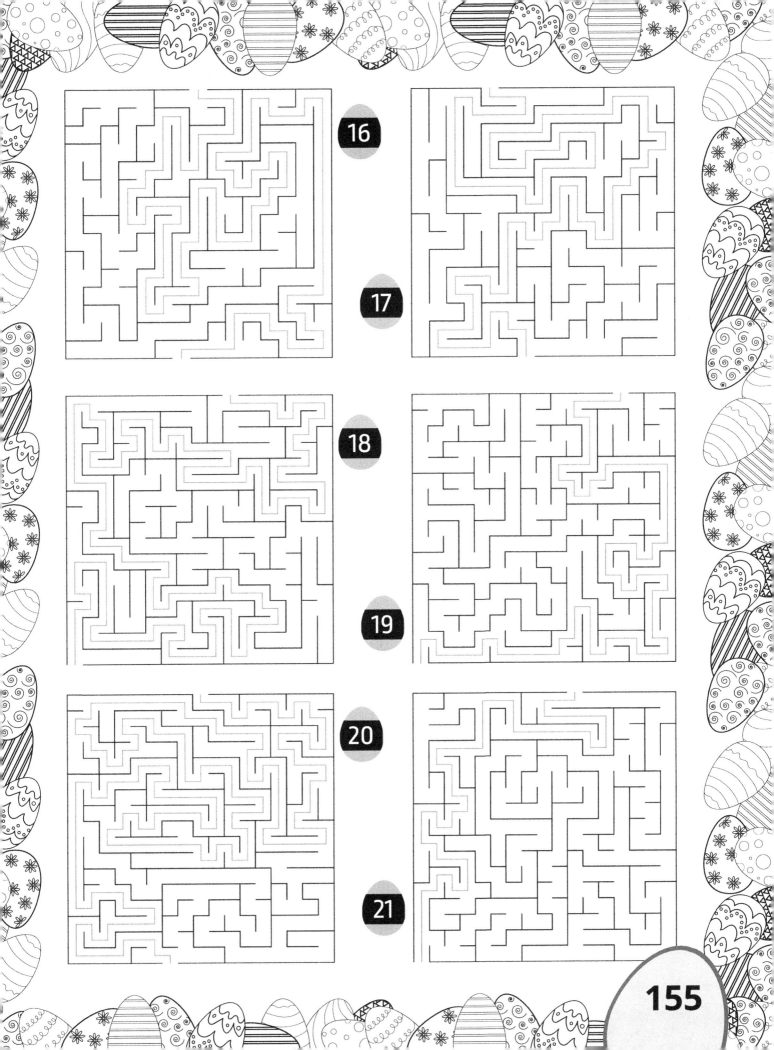

16

17

18

19

20

21

155

SUDOKU

EXAMPLE:

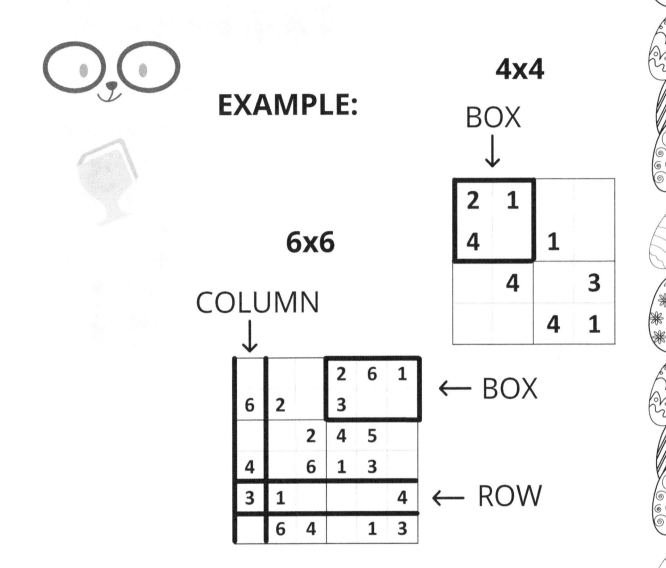

4x4

BOX

6x6

COLUMN

← BOX

← ROW

RULES:

FILL ALL EMPTY SQUARES.
THE NUMBERS 1 TO 4 OR 1 TO 6 APPEAR ONLY
ONCE IN EACH ROW, COLUMN AND BOX.

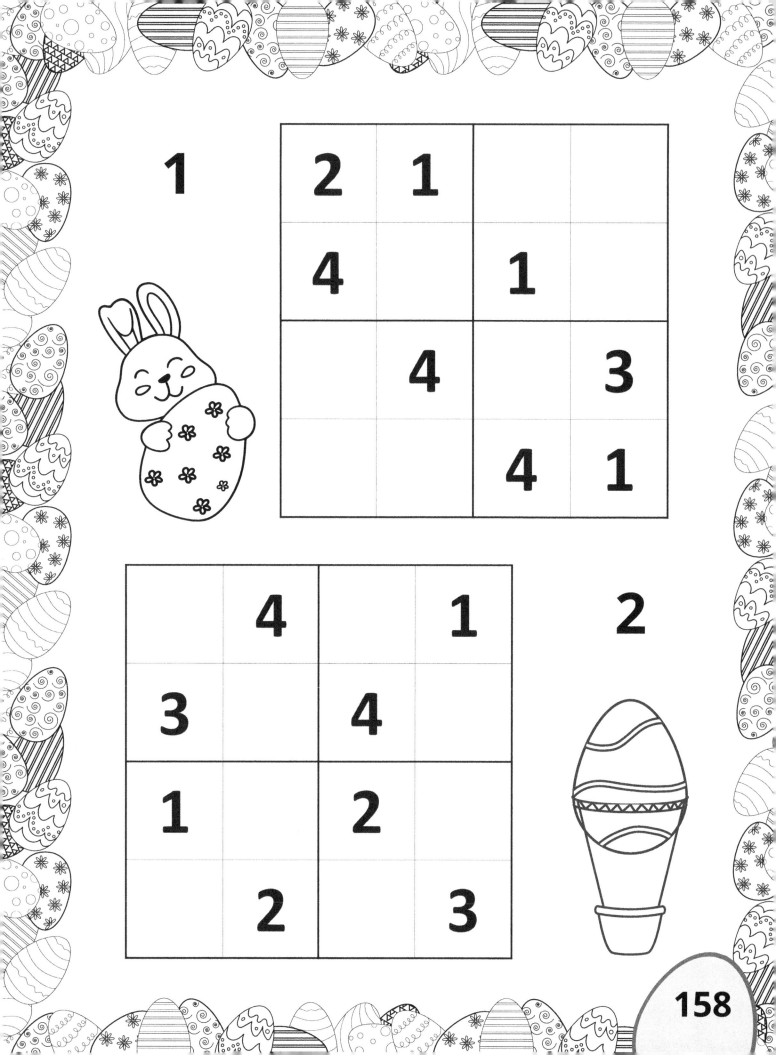

1

2	1		
4		1	
	4		3
		4	1

2

	4		1
3		4	
1		2	
	2		3

159

5

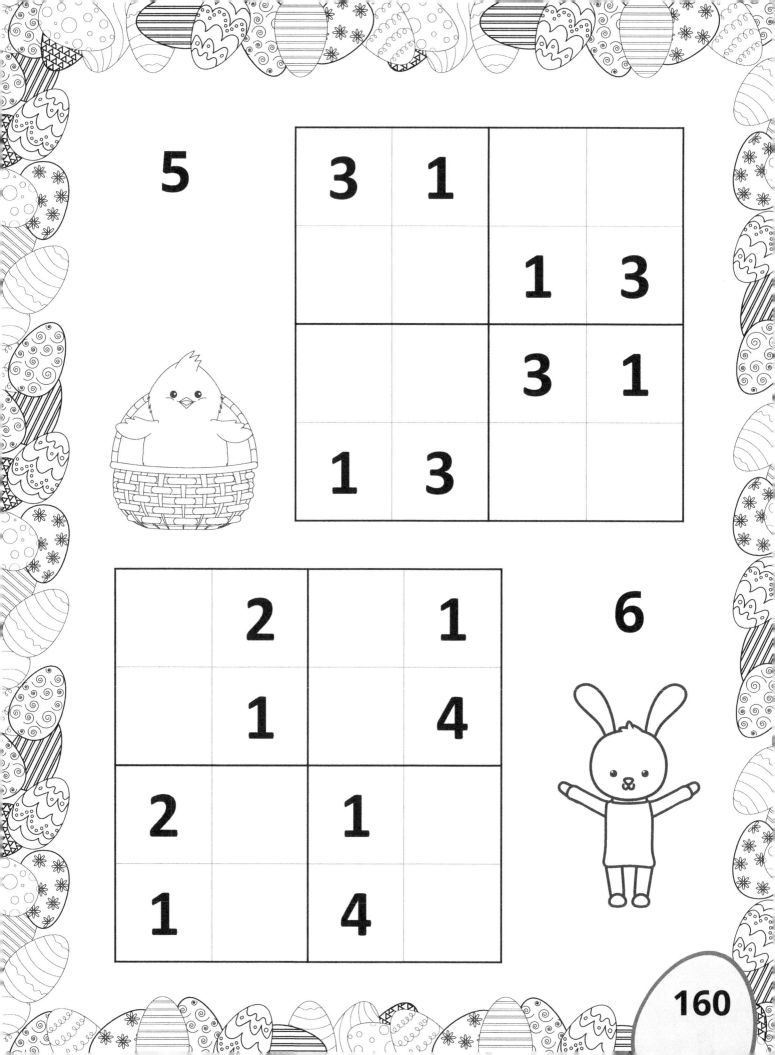

3	1		
		1	3
		3	1
1	3		

6

	2		1
	1		4
2		1	
1		4	

7

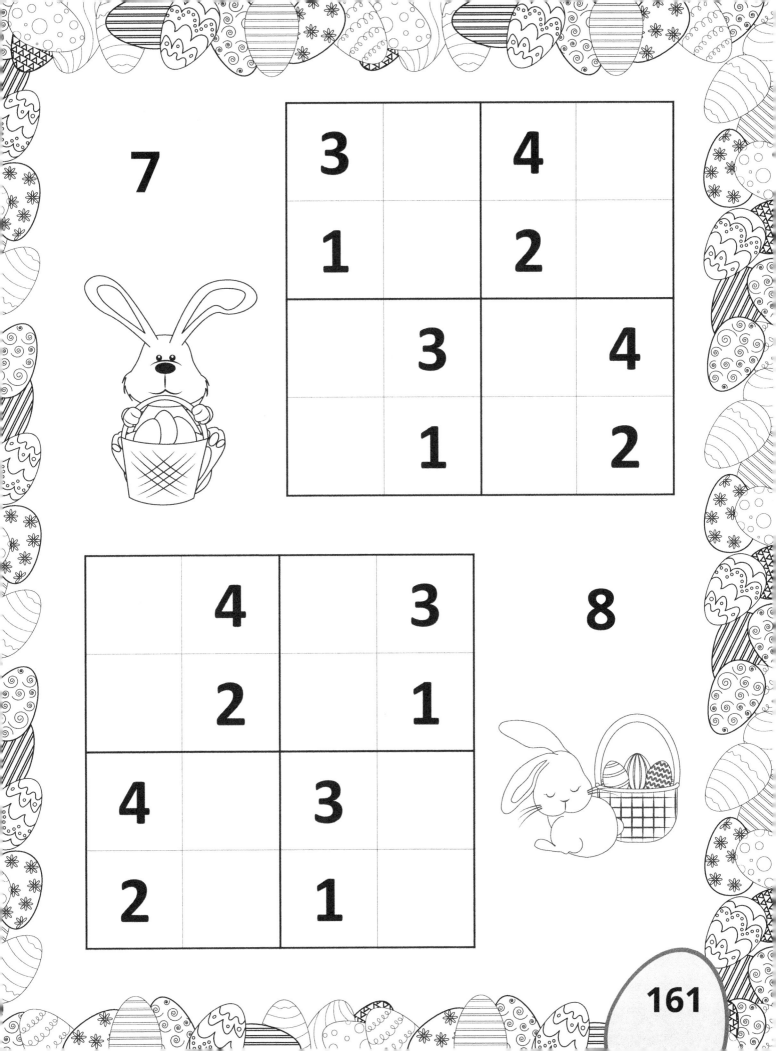

3		4	
1		2	
	3		4
	1		2

	4		3
	2		1
4		3	
2		1	

8

9

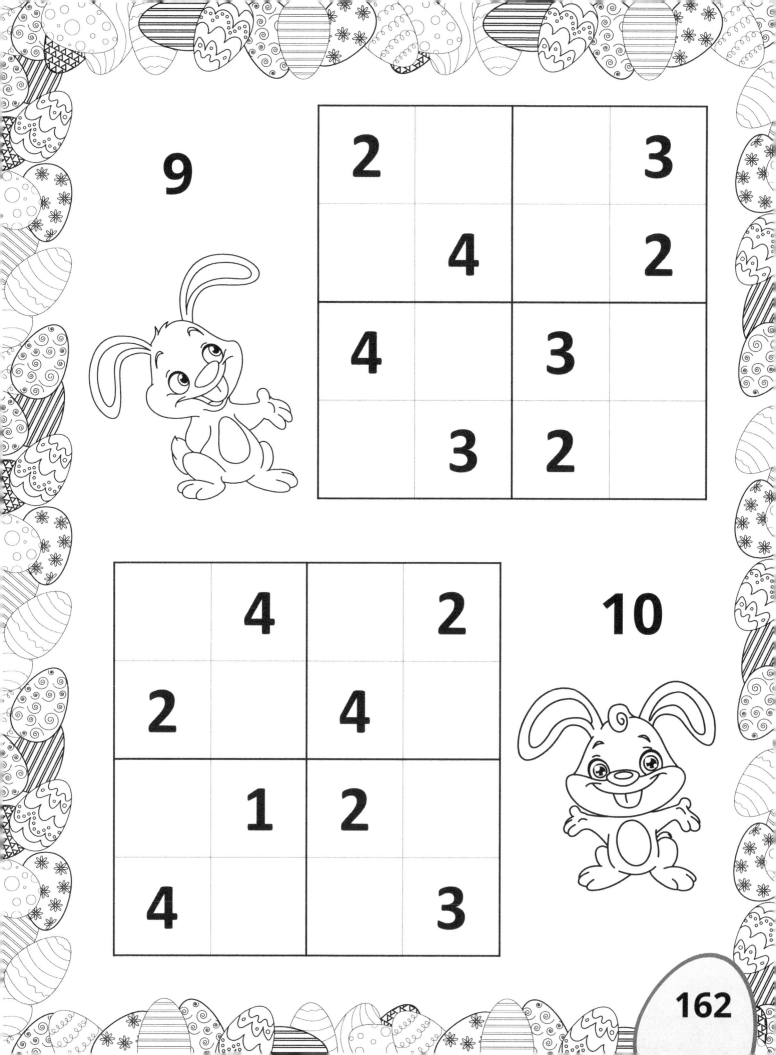

2			3
	4		2
4		3	
	3	2	

10

	4		2
2		4	
	1	2	
4			3

11

		4	3
3			4
	3		2
1		4	

12

	4		2
2		4	
3		2	
	2		3

13

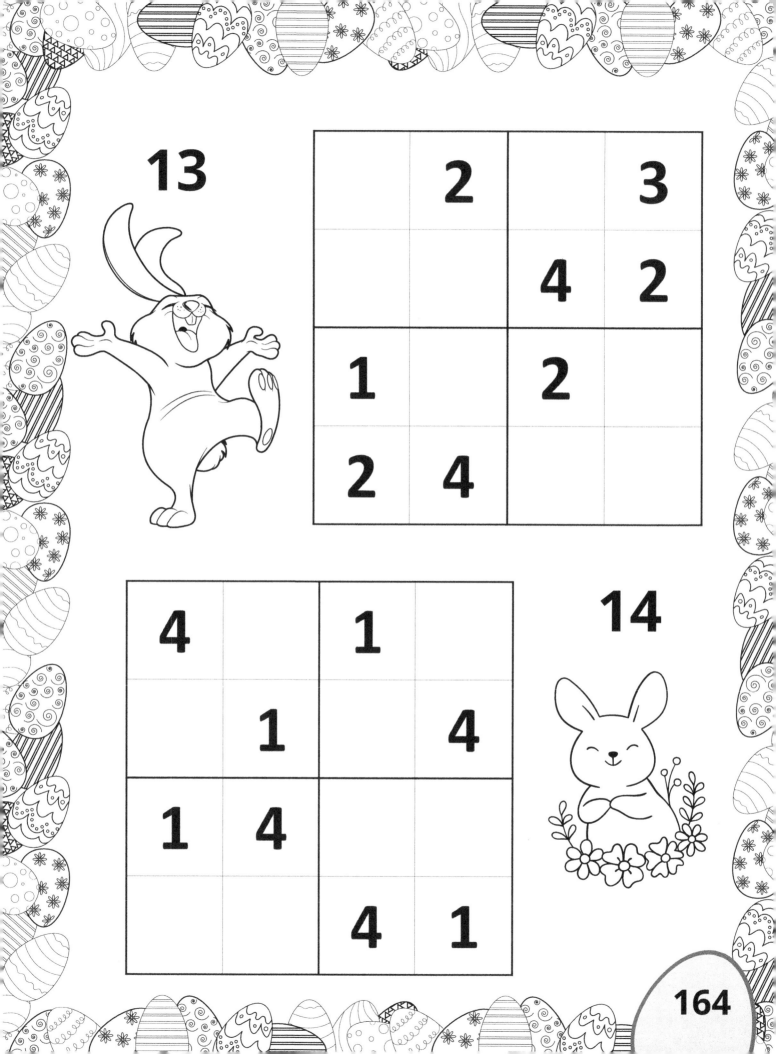

	2		3
		4	2
1		2	
2	4		

14

4		1	
	1		4
1	4		
		4	1

15

4	2		
		2	4
1		4	
	4		3

16

	3	2	
		1	3
4			2
3	2		

17

	2		1
4		3	
2		1	
	4		3

18

	4		1
	1		4
4		1	
1		4	

Solutions

1

2	1	3	4
4	3	1	2
1	4	2	3
3	2	4	1

2

2	4	3	1
3	1	4	2
1	3	2	4
4	2	1	3

3

3	2	4	1
1	4	2	3
4	3	1	2
2	1	3	4

4

2	3	1	4
4	1	3	2
3	2	4	1
1	4	2	3

5

3	1	4	2
4	2	1	3
2	4	3	1
1	3	2	4

6

4	2	3	1
3	1	2	4
2	4	1	3
1	3	4	2

Solutions

7

3	2	4	1
1	4	2	3
2	3	1	4
4	1	3	2

8

1	4	2	3
3	2	4	1
4	1	3	2
2	3	1	4

9

1	3	4	2
4	2	1	3
2	1	3	4
3	4	2	1

10

1	4	3	2
2	3	4	1
3	1	2	4
4	2	1	3

11

2	4	3	1
3	1	2	4
4	3	1	2
1	2	4	3

12

1	4	3	2
2	3	4	1
3	1	2	4
4	2	1	3

Solutions

13

4	2	1	3
3	1	4	2
1	3	2	4
2	4	3	1

14

4	3	1	2
2	1	3	4
1	4	2	3
3	2	4	1

15

4	2	3	1
3	1	2	4
1	3	4	2
2	4	1	3

16

1	3	2	4
2	4	1	3
4	1	3	2
3	2	4	1

17

3	2	4	1
4	1	3	2
2	3	1	4
1	4	2	3

18

3	4	2	1
2	1	3	4
4	2	1	3
1	3	4	2

1

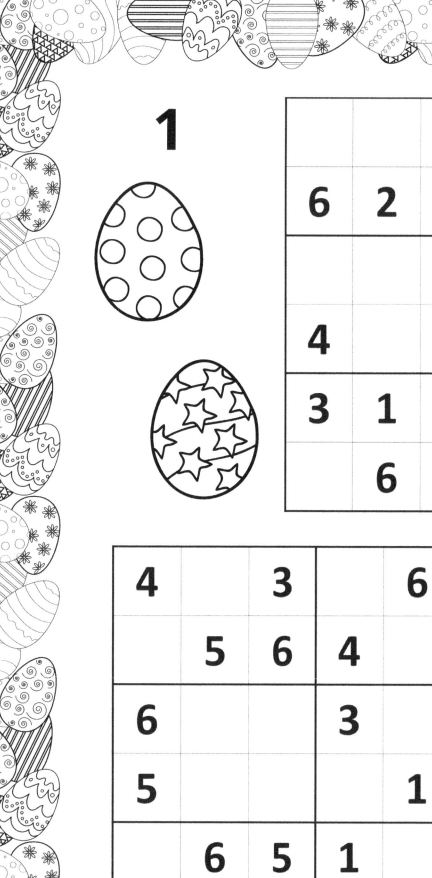

			2	6	1
6	2		3		
		2	4	5	
4		6	1	3	
3	1				4
	6	4		1	3

2

4		3		6	1
	5	6	4		
6			3		5
5				1	6
	6	5	1		
3	4		6	5	

3

5			4	6	2
	6	2		1	
	3		2		4
2			6	3	1
1	2	6			
3		4			6

4

1	4	3			
5	6	2		3	
			3	4	6
4		6	2		5
	2	4	1		
	1			2	4

5

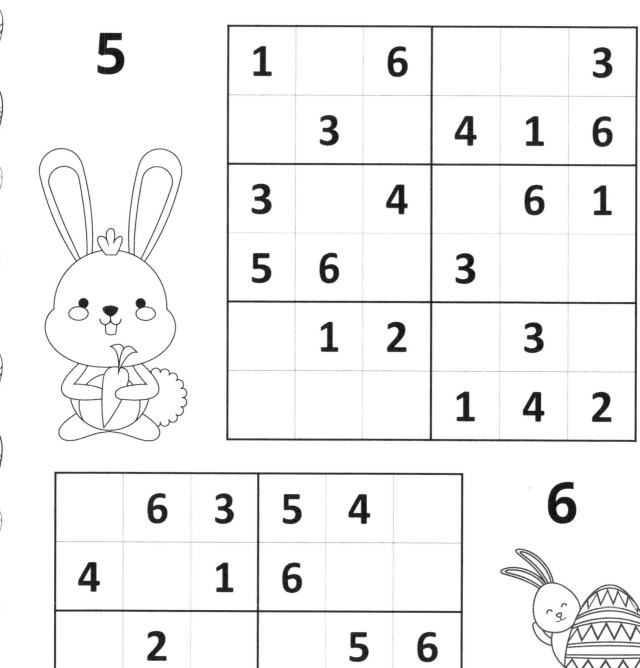

1		6			3
	3		4	1	6
3		4		6	1
5	6		3		
	1	2		3	
			1	4	2

6

	6	3	5	4	
4			1	6	
	2			5	6
6	3	5		1	
3	4				5
		6	4		3

7

3				6	5
		1	2	4	3
	5		3	1	
6	1	3		2	
	3		4		2
2		5	6		

8

	5		2	4	
4	1				5
5			3	6	2
		3		1	4
	6	5	4		3
2		4		5	

9

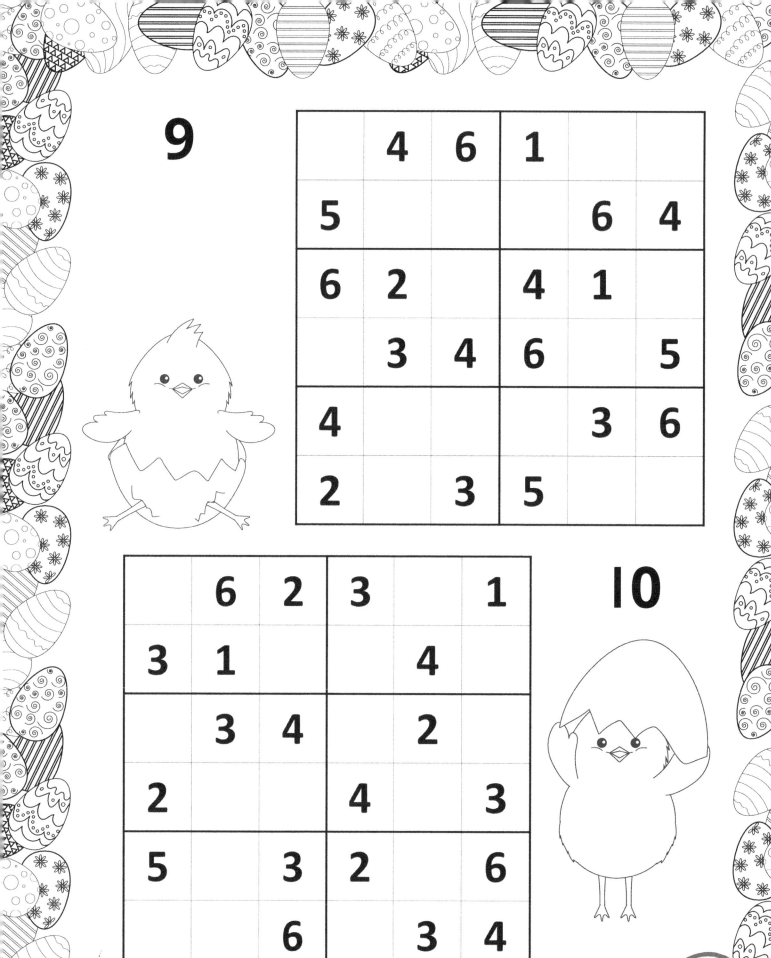

	4	6	1		
5				6	4
6	2		4	1	
	3	4	6		5
4				3	6
2		3	5		

10

	6	2	3		1
3	1			4	
	3	4		2	
2			4		3
5		3	2		6
		6		3	4

11

		6		5	3
5	3	1			
			6	3	1
	1		5		4
1	6	2			5
3	4		2	1	

12

4	6		2	1	
1		3	5		
3	5		4	2	
	1	4			5
		1		5	2
	3		1		6

13

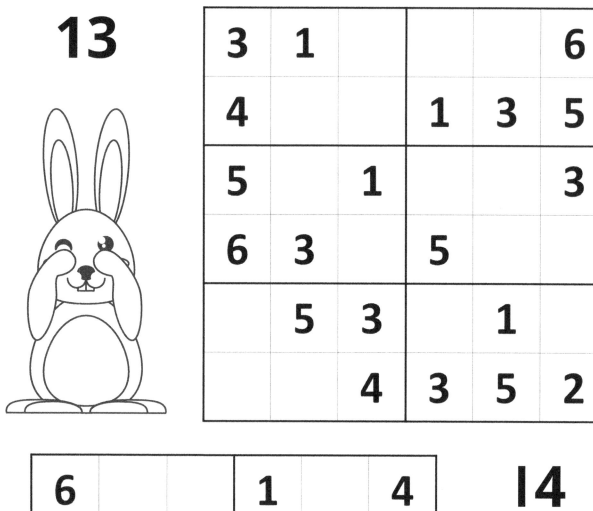

3	1				6
4			1	3	5
5		1			3
6	3		5		
	5	3		1	
		4	3	5	2

14

6			1		4
	4	2		5	
	6		4	1	2
		1	5	3	
3		4			5
2	5			4	1

15

3		1		6	4
		4	1	3	5
	1	5			3
6	3			4	
	2		4	5	
5		6	3		

16

4	3	2			
1	2			3	
	1		3	5	6
6		5		2	4
	4	5			3
3			6	4	

17

5		4	1	3	
6	3				4
	4	6		5	2
			4	6	1
3	1		6		
		5	2	1	

18

3			1		2
		4	3	6	
1		2			3
4	5				6
		6	5	2	1
5	2		6	3	

Solutions

1

5	4	3	2	6	1
6	2	1	3	4	5
1	3	2	4	5	6
4	5	6	1	3	2
3	1	5	6	2	4
2	6	4	5	1	3

2

4	2	3	5	6	1
1	5	6	4	2	3
6	1	2	3	4	5
5	3	4	2	1	6
2	6	5	1	3	4
3	4	1	6	5	2

3

5	1	3	4	6	2
4	6	2	3	1	5
6	3	1	2	5	4
2	4	5	6	3	1
1	2	6	5	4	3
3	5	4	1	2	6

4

1	4	3	5	6	2
5	6	2	4	3	1
2	5	1	3	4	6
4	3	6	2	1	5
6	2	4	1	5	3
3	1	5	6	2	4

5

1	4	6	2	5	3
2	3	5	4	1	6
3	2	4	5	6	1
5	6	1	3	2	4
4	1	2	6	3	5
6	5	3	1	4	2

6

2	6	3	5	4	1
4	5	1	6	3	2
1	2	4	3	5	6
6	3	5	2	1	4
3	4	2	1	6	5
5	1	6	4	2	3

Solutions

7

3	2	4	1	6	5
5	6	1	2	4	3
4	5	2	3	1	6
6	1	3	5	2	4
1	3	6	4	5	2
2	4	5	6	3	1

8

3	5	6	2	4	1
4	1	2	6	3	5
5	4	1	3	6	2
6	2	3	5	1	4
1	6	5	4	2	3
2	3	4	1	5	6

9

3	4	6	1	5	2
5	1	2	3	6	4
6	2	5	4	1	3
1	3	4	6	2	5
4	5	1	2	3	6
2	6	3	5	4	1

10

4	6	2	3	5	1
3	1	5	6	4	2
6	3	4	1	2	5
2	5	1	4	6	3
5	4	3	2	1	6
1	2	6	5	3	4

11

4	2	6	1	5	3
5	3	1	4	6	2
2	5	4	6	3	1
6	1	3	5	2	4
1	6	2	3	4	5
3	4	5	2	1	6

12

4	6	5	2	1	3
1	2	3	5	6	4
3	5	6	4	2	1
2	1	4	6	3	5
6	4	1	3	5	2
5	3	2	1	4	6

Solutions

13

3	1	5	4	2	6
4	2	6	1	3	5
5	4	1	2	6	3
6	3	2	5	4	1
2	5	3	6	1	4
1	6	4	3	5	2

14

6	3	5	1	2	4
1	4	2	6	5	3
5	6	3	4	1	2
4	2	1	5	3	6
3	1	4	2	6	5
2	5	6	3	4	1

15

3	5	1	2	6	4
2	6	4	1	3	5
4	1	5	6	2	3
6	3	2	5	4	1
1	2	3	4	5	6
5	4	6	3	1	2

16

5	4	3	2	6	1
1	2	6	4	3	5
4	1	2	3	5	6
6	3	5	1	2	4
2	6	4	5	1	3
3	5	1	6	4	2

17

5	2	4	1	3	6
6	3	1	5	2	4
1	4	6	3	5	2
2	5	3	4	6	1
3	1	2	6	4	5
4	6	5	2	1	3

18

6	3	5	1	4	2
2	1	4	3	6	5
1	6	2	4	5	3
4	5	3	2	1	6
3	4	6	5	2	1
5	2	1	6	3	4

Thank you for buying the book.

You can get a free e-book "My Easter Your Easter" about the most interesting Easter customs around the world. Scan the code and get it.

Subscribe to the newsletter and buy our seasonal books at a special price.

Link to free e-book:

https://supervbook.com/amazon-books/

182

Made in United States
North Haven, CT
21 March 2022

17398734R00102